足球体能训练丛书 4

足球力量训练

〔丹麦〕延斯·邦斯博　杰斯帕·安德森　著

张阳　译

中国足球协会　审定

人民体育出版社

图书在版编目（CIP）数据

足球力量训练 / (丹) 延斯·邦斯博 (Jens Bangsbo), (丹) 杰斯帕·安德森 (Jesper L. Andersen) 著；张阳译. -- 北京：人民体育出版社, 2021

（足球体能训练丛书；4）

书名原文: Power Training in Football

ISBN 978-7-5009-6046-1

Ⅰ.①足… Ⅱ.①延… ②杰… ③张… Ⅲ.①足球运动—力量训练 Ⅳ.①G843.25

中国版本图书馆CIP数据核字(2021)第100783号

*

人民体育出版社出版发行
北京中科印刷有限公司印刷
新 华 书 店 经 销

*

710×1000　16开本　8.25印张　137千字
2021年7月第1版　2021年7月第1次印刷
印数：1—3,000册

*

ISBN 978-7-5009-6046-1
定价：42.00元

社址：北京市东城区体育馆路8号（天坛公园东门）
电话：67151482（发行部）　　　邮编：100061
传真：67151483　　　　　　　　邮购：67118491
网址：www.sportspublish.cn

（购买本社图书，如遇有缺损页可与邮购部联系）

编译委员会

策划：李飞宇

审定：中国足球协会

译者：张　阳

译审：曹晓东

足球体能训练丛书序

体能是运动员竞技表现能力的重要基础。强化体能训练不仅可以提高运动员的身体素质，为能征善战奠定坚实基础，而且更能够锤炼运动员意志品质，锻造顽强拼搏、永不言败的优良作风。

中国足协已经注意到，科学地进行体能训练，是当今世界足球强队保持和提高竞争力的重要方法。过去我们的教练员培养体系存在较大短板，各级专业队伍的复合型保障团队建设滞后，很难实现训练的科学性，特别是体能训练在球队资源配置中还没有起到重要的基础性作用，专业的体能教练、康复人才以及队医等也都十分短缺。

长期"欠债"所造成的基础体能薄弱、专项体能不强的问题，制约着中国足球决胜赛场的能力提升和实力发挥。这既是巨大的挑战，也是努力的方向。我们必须快速地学习先进的理念和方法，必须依靠自己的能力才能在日益激烈的竞争中站住脚。所以，为了中国足球的成功，我们现在就要下决心、想办法提高自己全方位的竞争力，不能有短板。这就需要研究怎样提高球队的系统竞争力；研究怎样科学地实现技术、战术、体能和心理一体化训练；研究怎样更好地预防伤病和减少运动损伤，持续提升竞技能力并延长运动寿命；研究怎样利用大数据、人工智能、混合现实、生物技术等先进的科技来为足球赋能，通过科技帮助中国足球实现弯道超车。

足球竞技能力的提升是一个复杂系统。训练理念、训练知识要转化成教练员执教能力、球队收获训练成果，还需要一个转化过程，需要在实践中反复检验和快速迭代。我们的教练员都应该有开放、好奇的心态，努力成为一名足球领域的终身学习者，坚持做到知行合一。

　　这套丛书是一个工具套装，是亚足联C、B、A级和职业级教练员的培训指定教材。作者延斯·邦斯博和麦格尼·莫尔都是国际上享有声誉的运动与训练科学专家，他们通过这套丛书带来了当前国际足球体能训练、足球运动营养、足球运动生理学领域的先进理论和丰富实践经验的总结。中国足协推荐这套丛书的主要目的，就是要为各级教练员提升科学训练水平赋能，这样才能打造体能强健、技艺精湛、作风顽强、能打硬仗、为国争光的各级国家足球队，实现足球振兴的目标。

　　我相信，这套丛书将成为各级教练员必备的执教工具，广大的球员也将因此收获更卓越的竞技表现和更好的健康发展，正所谓"工欲善其事，必先利其器"。

　　体能筑基，科技强足。衷心祝愿大家学以致用，洋为中用，为中国足球培育更多的精英人才！

中国足球协会秘书长
2020年9月11日

前　言

　　职业足球已经变得越来越激烈，因此对于球员的要求也逐步提升。例如，球员需要具备强大的加速能力、快速的跑动、及时的变向、跳跃、射门及应对激烈对抗的能力。这些动作都有赖于力量和爆发力。为了发挥更好的竞技能力，尤其是避免损伤的出现，球员需要强壮的身体并在诸多肌群上拥有良好的力量。这些都可以通过力量训练获得。球员没必要像健身达人一样的训练，但是需要进行专属的训练和足球爆发力训练的个性化安排。本书基于新的科学研究和顶级球队的实际工作经验，展现了如何进行力量训练的指导性原则。足球训练中的挑战在于如何将专项训练与其他类型的训练相结合。当然，依据经验来看，这种结合是可能的。

　　一些在顶级球队工作的教练员，他们或许会对球员进行力量训练，但是并不会把力量训练作为优先考虑的选项，因为通常他们都拥有高水平的球员。球员经过多年的训练，已经建立了能够满足项目需求的基本肌肉结构，这种肌肉结构可以通过常规的训练和比赛来得以保持。不过，我们认为每支球队都需要力量训练，以及一些个体情况下特殊部位的更为专项化的训练，以预防损伤的出现。

　　本书中，我们试图提供对于力量训练的基本认识，以及如何组织和实施训练的基本建议。当进行力量训练时，你需要耐心，因为力量的发展是缓慢的，但是你会看到稳定的提升。我们确信你及你的球队会从训练中受益。

祝您好运！

延斯·邦斯博　杰斯帕·安德森

目 录

1. 引言 ·· （1）

2. 足球力量训练 ·· （4）

  基础肌肉力量训练 ·· （4）
  力量转化训练 ··· （5）
  足球专项力量训练 ·· （6）
  三种类型的力量训练的结合 ································ （7）
  总结 ··· （7）

3. 球员分析与评价 ··· （8）

  爆发力与力量测试 ·· （9）
    直线冲刺测试 ·· （10）
  总结 ··· （11）
  复习题 ··· （12）
  参考文献及推荐阅读 ·· （12）

4. 神经肌肉系统 ·· （13）

  肌肉 ··· （14）
    肌纤维 ··· （17）
  神经系统 ·· （19）

动作完成···（20）
　　肌腱···（20）
　　骨骼···（21）
　　总结···（21）
　　复习题···（22）
　　参考文献及推荐阅读·······································（22）

5. 足球运动员对力量训练的适应·······························（23）

　　肌肉对力量训练的生理适应·································（23）
　　神经系统对力量训练的适应性·······························（28）
　　肌腱与结缔组织对力量训练的适应性·························（30）
　　骨骼对力量训练的适应性···································（32）
　　总结···（33）
　　复习题···（33）
　　参考文献及推荐阅读·······································（34）

6. 基础肌肉力量训练···（36）

　　基础肌肉力量训练的类型···································（37）
　　如何进行基础肌肉力量训练·································（37）
　　　自由力量训练···（37）
　　　器械力量训练···（37）
　　　自由力量训练与器械力量训练的对比·······················（38）
　　　利用自身重量或使用功能力量器械的训练···················（39）
　　热身···（39）
　　基础肌肉力量训练的关键环节·······························（40）
　　1RM的测定··（40）
　　做功与间歇···（42）
　　重复次数···（42）

基础肌肉力量训练方法……………………………………（42）
　　基础肌肉力量训练计划设计……………………………（44）
　　基础肌肉力量训练阶段划分……………………………（46）
　　　　如何在不同阶段进行训练……………………………（47）
　　基础肌肉力量训练计划示例……………………………（47）
　　总结……………………………………………………（49）
　　复习题…………………………………………………（49）
　　学习任务………………………………………………（49）
　　参考文献及推荐阅读……………………………………（50）

7. 力量转化训练……………………………………（51）

　　力量转化训练的类型……………………………………（51）
　　如何进行力量转化训练…………………………………（51）
　　训练与间歇……………………………………………（52）
　　训练课中的重复次数……………………………………（52）
　　热身……………………………………………………（53）
　　力量转化训练的方法……………………………………（53）
　　力量转化训练计划设计…………………………………（56）
　　力量转化训练计划………………………………………（57）
　　　　跳跃训练计划…………………………………………（57）
　　　　跑动训练计划…………………………………………（58）
　　总结……………………………………………………（58）
　　复习题…………………………………………………（58）
　　学习任务………………………………………………（58）
　　参考文献及推荐阅读……………………………………（59）

8. 足球专项力量训练………………………………（60）

　　足球力量训练的类型……………………………………（60）
　　如何进行足球力量训练…………………………………（60）

训练与间歇……………………………………………（61）
　　训练课中的重复次数…………………………………（61）
　　热身……………………………………………………（61）
　　足球力量训练方法……………………………………（61）
　　足球力量训练计划设计………………………………（66）
　　总结……………………………………………………（67）
　　复习题…………………………………………………（68）
　　学习任务………………………………………………（68）
　　参考文献及推荐阅读…………………………………（68）

9. 肌肉耐力训练……………………………………（69）

　　目的……………………………………………………（69）
　　肌肉耐力训练的类型…………………………………（69）
　　如何进行肌肉耐力训练………………………………（71）
　　肌肉耐力训练方法……………………………………（71）
　　总结……………………………………………………（73）
　　复习题…………………………………………………（73）
　　学习任务………………………………………………（73）
　　参考文献及推荐阅读…………………………………（73）

10. 损伤预防与康复训练…………………………（74）

　　目的……………………………………………………（76）
　　预防损伤和康复训练…………………………………（77）
　　预防损伤和康复训练计划设计………………………（79）
　　总结……………………………………………………（79）
　　复习题…………………………………………………（79）
　　学习任务………………………………………………（80）
　　参考文献及推荐阅读…………………………………（80）

11. 青少年球员的力量训练 ……………………………（ 81 ）

  总结 ………………………………………………（ 83 ）
  复习题 ……………………………………………（ 83 ）
  学习任务 …………………………………………（ 83 ）
  参考文献及推荐阅读 ……………………………（ 83 ）

12. 力量训练计划设计 …………………………………（ 85 ）

  同时训练 …………………………………………（ 86 ）
  非赛季 ……………………………………………（ 88 ）
    特定周期 ……………………………………（ 88 ）
    准备期 ………………………………………（ 92 ）
  赛季中 ……………………………………………（ 97 ）
  总体建议 …………………………………………（101）
  总结 ………………………………………………（101）
  复习题 ……………………………………………（102）
  学习任务 …………………………………………（102）
  参考文献及推荐阅读 ……………………………（103）

13. 基础肌肉力量练习 …………………………………（104）

  参考文献及推荐阅读 ……………………………（107）

专有名词中英文对照 ……………………………………（108）

1. 引言

足球运动对体能有较高的要求。除了需要良好的能力来完成重复高强度的剧烈运动，以及具备良好的耐力水平外，球员还需要在比赛中能够完成一系列"爆发性的动作"，如起动加速、制动减速、快速改变方向和冲刺。此外，球员还必须发展在单一动作上的最大力量，如抢断、踢球、头顶球和起跳。抢断和起跳的数量取决于个体的打法风格与其在球队中的位置需要，在顶级球员水平上，分别呈现出3～30次与1～40次之间的多样性。

因此，这种能力首先体现在对球的控制上，然后是对对手的跟随、快速地转身、加速及冲刺，这些都是足球运动中竞技能力的基础。通常我们可以称之为灵敏，这种动作的最终结果取决于许多因素（图1-1）。第一个因素是"阅

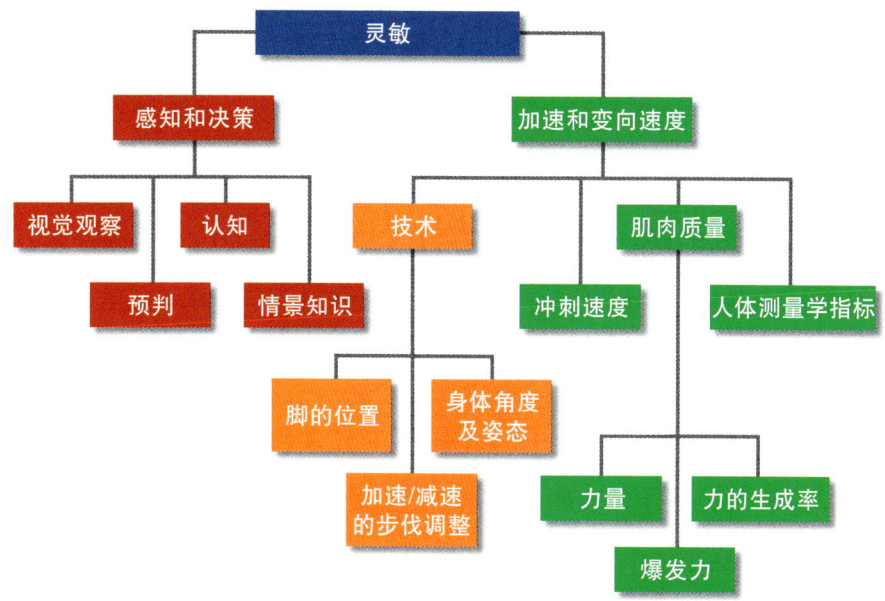

图1-1

比赛中影响爆发性运动能力的因素（灵敏）。这些因素包括感知、决策、技术、肌肉质量及身体变量。绿色区域可以通过力量训练得以发展。

读比赛"的能力，这与球员的足球经验有关，同时还包含了如预判、感知及行动回想等能力。第二个因素是球员的人体测量学特点，他们的身高与体重，还有完成运动的技术能力。第三个因素不仅仅是腿部肌肉的力量，上体的肌肉力量也是非常重要的，因为上体的稳定性及上肢的爆发力对全身爆发力发挥着重要的作用。腿部的肌肉力量是至关重要的，研究表明，腿部肌肉力量与30米冲刺跑过程中的速度具有相关性（图1-2）。不过，球员在比赛中发挥力量的能力不仅仅只依靠运动过程中参与的肌肉。力量输出同样受到球员在正确时间（时机）协调参与运动肌肉的能力的影响。为了理解在足球运动中限制力量发展的因素，可以把力量训练分为三种类型：

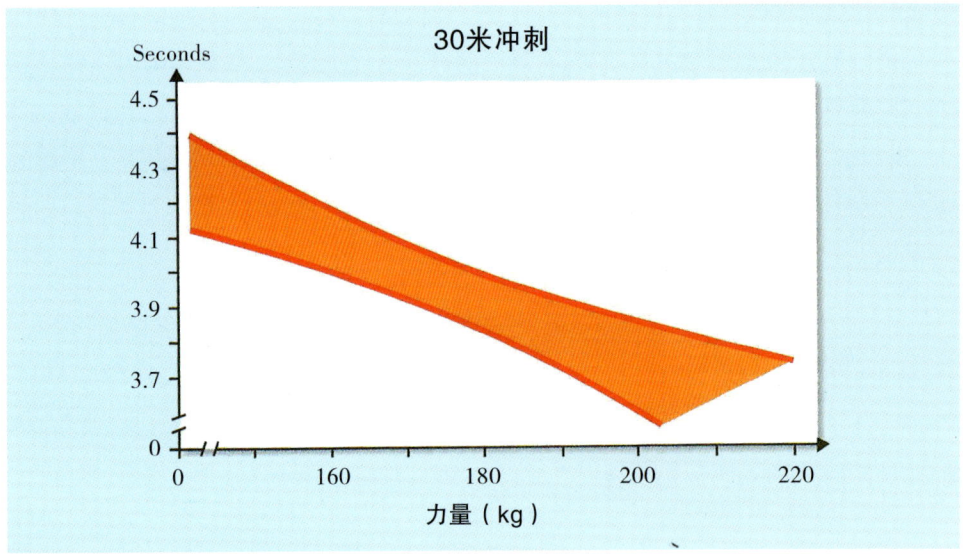

图1-2

球员30米冲刺跑过程中竞技表现与基础肌肉力量间的关系。通过膝关节伸肌群（股四头肌）的基础力量和冲刺能力的对比，可以看到肌肉力量越大、球员速度越快，同时图中展示了不同力量水平冲刺能力的维度（橙色区域），这也体现出球员神经系统的不同发展。

- 基础肌肉力量是指既定运动中参与肌群的力量。
- 力量转化是指球员利用基础肌肉力量在既定动作中协调不同肌群的能力。
- 足球专项力量是指在足球运动中的一个动作过程中肌肉产出力量。这取决于肌肉协调及在正确时间（时机）运用力量的能力。

对一名球员来讲，身体大肌群多数须相对强壮。然而，肌肉力量取决于球员的比赛风格和在球队中的位置等几个因素。例如，由于守门员在比赛中动作的爆发性特质，他们需要很好的肌肉力量。此外，一些球员也可以通过提高某一特定肌群的力量提高其专项能力。例如，以掷界外球见长的球员可以通过提高胸肌的力量更好地完成任务。青少年球员在成为成年球员的过渡阶段有着特殊的需求，因为他们会碰到由于长期训练而具有良好力量的队员。此外，不同类型的球员，其力量水平对比赛中的发挥具有重要影响，而这也必须通过训练得以提高。

在这儿，我们将首先就不同类型的力量训练进行一个简单的介绍，然后解释如何对球员的能力完成分析与评价。随后是对神经系统、肌肉、骨骼和肌腱的基础描述，这些都是力量训练的必备背景知识。其次，是不同类型力量训练的原则，同时就如何完成训练给出指导。后面的章节将主要把重心放在损伤后如何利用力量训练进行恢复，以及青少年球员的力量训练及伤病预防上。最后，我们将讨论在年度训练计划的不同阶段，教练员如何把不同类型的训练安排到日常训练中去。

在书中我们将交替使用力和力量两个词汇来解释球员在动作中如何生成力或是如何做功。力和做功分别用牛［顿］（N）和牛［顿］×米（N·m为单位）计量。力量用单位时间内做功产出，单位用牛［顿］×米/秒（Nm/s），同样称为焦耳/秒（J/s），等同于计量单位瓦特（W）。一些作者在他们的书中使用"抗阻训练"一词，其含义和力量训练是一样的。

2. 足球力量训练

力量训练的三种类型：
- 基础肌肉力量训练
- 力量转化训练
- 足球专项力量训练

基础肌肉力量、力量转化及足球专项力量训练的目的，分别是提高肌肉的基础力量，将基础力量与足球动作相结合，以及提升足球专项运动中力量和爆发力的输出。

训练类别定义如下。

基础肌肉力量训练

目的：提高肌肉质量、力量及爆发力。

基础肌肉力量训练可以以自身重量为负荷，也可以使用自由力量器械、联合训练器械及其他装置来增加额外的负荷。下图展现了一个基础肌肉力量训练的例子。

这种训练形式将在第6章中详细介绍。

2. 足球力量训练

力量转化训练

目的：改善完成最大或次最大足球相关运动的能力。

通过力量转化训练，基础肌肉力量在运动中的运用，如踢球、跳跃、抢断及方向的突然改变将会得以改善和优化。力量转化训练包含不属于足球专项化的高速率练习并利用低或无外部负荷的练习形式。下图呈现的是一个力量转化训练的例子。这种形式的训练将在第7章中详细介绍。

足球力量训练

足球专项力量训练

目的：提高足球专项、强度运动中的力量输出。

在足球专项化训练过程中，球员从基础肌肉力量和力量转化训练获得的力量用来提高在比赛强度动作过程中的力量，如射门、起动、制动和最大速度跑动。训练中所包含的动作与比赛中出现的动作近似。对于已经受过系统训练的球员，训练并不会导致后续的肌肉质量和力量的增加，同时练习是不结合外部负荷而进行的。这种形式的训练将在第8章中详细介绍。

球员进行足球专项力量训练

2. 足球力量训练

三种类型的力量训练的结合

基础肌肉力量训练是足球运动中的肌肉力量的基础（图2-1）。对于成年球员，应该在进行其他类型的训练前实施。当球员已经具备了完善的基础肌肉力量时，才会在接下来的训练类型中获益。

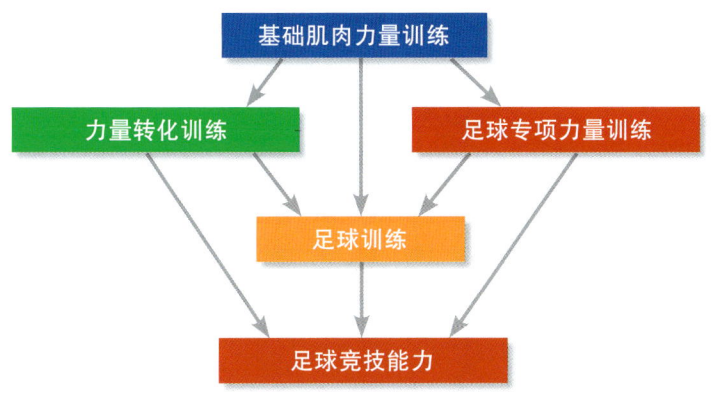

图2-1

足球运动中竞技能力与三种力量训练的结合。基础力量训练发展了肌肉的力量，通过力量转化和足球专项训练可以改善比赛过程中的竞技能力。

总结

三种力量训练的类型是基础肌肉力量训练、力量转化训练和足球专项力量训练。三种力量训练既可以单独，也可以合并运用提高足球比赛中球员爆发性动作的竞技表现。

3. 球员分析与评价

力量训练类型的选择主要取决于球员的能力。一名在运动过程中无法很好地协调不同肌群做功的球员，不可能在比赛中有效地利用高水平的基础力量，其需要进行力量转化和足球专项力量训练（图3-1，球员1）。同样，当球员在比赛情景中没有良好的协调和时机把握能力时，足球专项力量训练应予以运用（图3-1）。这就是为什么身材小且具有良好的协调性和时机把控能力的球员，能够同基础力量出众但时机掌握和协调能力稍差的高大球员进行争抢（如头顶球）的原因之一。对于拥有掌握时机和协调能力的球员，基础力量素质可能会限制足球专项力量的发挥，他们应该进行基础肌肉力量训练（图3-1，球员3）。当进行力量训练时，重要的是要认识到比赛中运用力量的能力取决于几个因素。而且，每名球员都能从每一种力量类别的训练中受益。

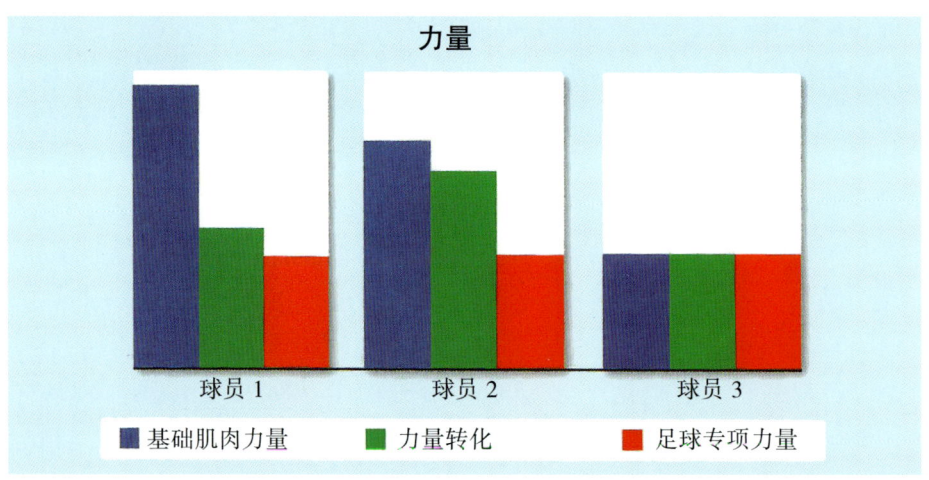

图3-1

基础肌肉力量、力量转化和足球专项力量。图中显示3名球员在同等足球专项力量下的理论解释，他们以同样的速度踢球，但在基础肌肉力量和力量转化方面存在差异。球员1因较差的协调能力无法运用高水平的基础肌肉力量。球员2因力量转化及协调能力的不足导致足球专项力量方面受限；球员3因具备良好的时空感觉和协调能力，能够对自身较差的基础力量进行补偿。

3. 球员分析与评价

爆发力与力量测试

球员的力量水平可通过一系列的测试来评价。球员的力量水平可以通过将力的生成能力与专项动作表现相对比进行评价(参见第6章)。常用的一种评价方法是下蹲跳测试(参见足球体能测试第10章),该测试也可以用来评价力量的训练效果。通过将深蹲时最大力量输出与下蹲跳测试成绩相对比,就可以评估出球员需要提高的方面。通常来讲,下蹲跳测试的成绩应该与深蹲力量之间呈一定的相关性(参见足球体能测试第10章),如果球员具有良好的跳跃能力,而深蹲力量较差,可以把训练重心放在基础力量方面;反之如果球员的基础力量较好而跳跃成绩较差,说明球员的协调能力不足,需要通过力量转化训练和足球专项力量训练进行提高。

表3-1提供了如果下蹲跳成绩低于特定的数值后,球员应该重点进行何种力量训练的建议。在数月后,教练员可以再次对球员进行测试并指导下一周期的训练。

表3-1 通过下蹲跳和深蹲测试对比提供关于力量训练类型的建议

深蹲测试(千克)	下蹲跳测试*(厘米)	
	力量转化训练	基础肌肉力量训练
100	<37	>47
110	<39	>49
120	<41	>51
130	<43	>53
140	<45	>55
150	<46	>58
160	<48	>60
170	<50	>62
180	<51	>65
190	<53	>67
200	<54	>68

*如果在深蹲测试中,球员的1RM成绩达到了相应的数字,但下蹲跳测试成绩低于第一栏数字,那么球员应进行力量转化训练;如果数值高于第二栏中的数值,球员应主要发展基础肌肉力量训练;如果数值处于中间区域,则说明球员需要同时进行两个方面的训练。

直线冲刺测试

直线冲刺测试是用以评价球员已有力量的一个简单的测试方法。这个测试是由一条30米的跑道和途中时间记录点组成的。例如,每5米间隔设一个时间点(参见《足球体能测试》第8章)。此类测试提供的信息包括:

- 球员的起动速度能有多快
- 球员的持续加速能力
- 球员保持高速的能力

一些球员具备良好的起动能力及最高的跑动速度;而另一些球员具备良好的起动能力,但最高速度不佳,还有部分球员起动慢且最高跑速欠佳。图3-2展现了4名球员的测试结果。球员4为最快,球员1为最慢。通过记录每5米的用时,并与小组的平均用时相对比,即可以分析出每名球员的表现。如图3-3所示可以清晰地看到,球员3起动较快,但是在途中开始减速。相反,球员2开始较慢,但在30米过程中逐渐加速,进而速度几乎与球员4相持平。球员4在这个过程中保持高速,然而球员1在冲刺过程中只能保持较低速度。

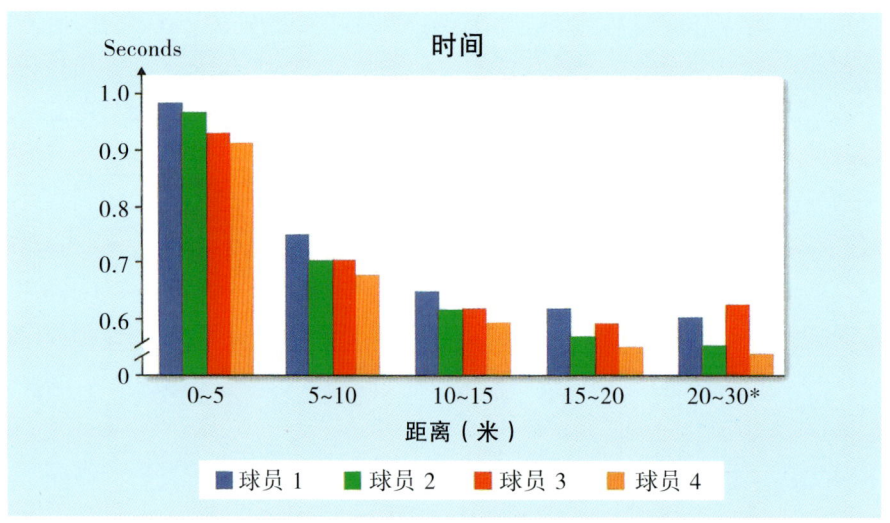

图3-2

4名球员30米线性测试结果。每5米距离用时,图中清楚显示球员4全程冲刺最快,除了在冲刺的最后阶段外,球员1最慢。*5米所用平均时间。

3. 球员分析与评价

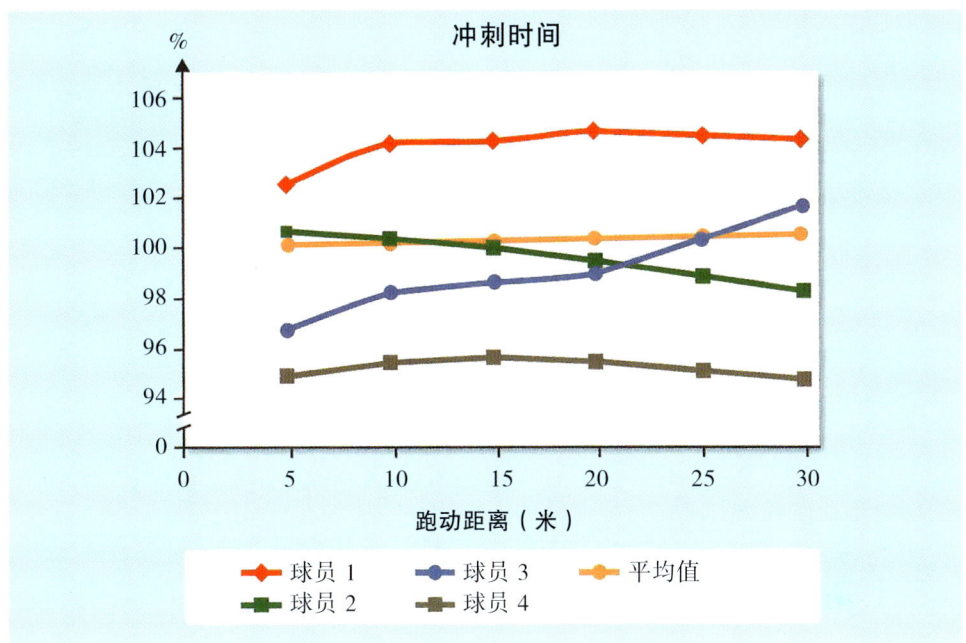

图3-3

图3-2展示了4名球员30米分段计时冲刺结果与4名球员平均值的对比。图中清晰显示，球员4在整个测试过程中都保持了最高速度；而球员2的跑速越来越快，球员3则是越来越慢；球员1则在整个测试全程中均比较慢。

当设计球员的训练计划时，可利用这些信息。短距离起动速度慢通常是由于步频较低所导致，相反长距离的最大速度慢通常是因为步幅较小导致的。步频和步幅主要是由遗传因素决定的，但通过训练可以得到改善。步频主要由神经系统控制（参见第4章），但可以通过力量转化及专项力量训练使肌肉力量得到增长、神经肌肉功能提升。步幅主要与腿部肌肉力量有关，且可以通过基础肌肉力量训练得以提高。

总结

在为球员制定力量训练计划之前，基于比赛中的观察，需要对球员的力量水平进行评估。这种评估同样可以通过足球运动中不同方面的力量测试得以补充。

复习题

1. 哪一种测试能够用来评价球员的力量？
2. 哪一种测试能用来评价球员是否缺乏基础力量或协调性？
3. 一名球员深蹲测试成绩为110公斤，下蹲跳测试成绩为30厘米，你建议该名队员进行哪种类型的训练？

参考文献及推荐阅读

Andrzejewski M et al. Analysis of sprinting activities of professional soccer players. Journal of Strength and Conditioning Research [Epub ahead of print], 2012.

Bangsbo J. *Fitness Training in Football – a Scientific Approach*, pp. 1–336. www.bangsbosport.com, 1994.

Bangsbo J & Mohr M. *Fitness Testing in Football. Fitness Training in Soccer II*, pp.1–136. www.bangsbosport.com, 2012.

Buchheit M et al. Improving repeated sprint ability in young elite soccer players: repeated shuttle sprints vs. explosive strength training. Journal of Strength and Conditioning Research 24: 2715-2722, 2010.

Cronin JB & Hansen KT. Strength and power predictors of sports speed. Journal of Strength and Conditioning Research 19: 349-357, 2005.

Di Salvo V et al. Sprinting analysis of elite soccer players during European Champions League and UEFA Cup matches. Journal of Sports Sciences 28:1489-1494, 2010.

Little T & Williams AG. Specificity of acceleration, maximum speed, and agility in professional football players. Journal of Strength and Conditioning Research 19: 76-78, 2005.

Sheppard JM & Young WB. Agility literature review: classifications, training and testing. Journal of Strength and Conditioning Research 24: 919-932, 2006.

4. 神经肌肉系统

神经系统、肌肉、肌腱和骨骼合称为神经肌肉系统（图4-1）。所有的动作均由神经肌肉系统控制和执行。大脑执行一个特殊的动作是通过传递信息给脊髓至周围神经，从而刺激相应的肌肉收缩而引起运动。大脑可以通过控制对传递至肌肉的神经冲刺的大小来控制动作。此外，大脑通过神经接收来自肌肉对发力和关节位置的反馈，这使得大脑可以对所进行的动作进行调节。

在本章中，我们主要对神经肌肉系统不同部分的功能和结构进行阐述。

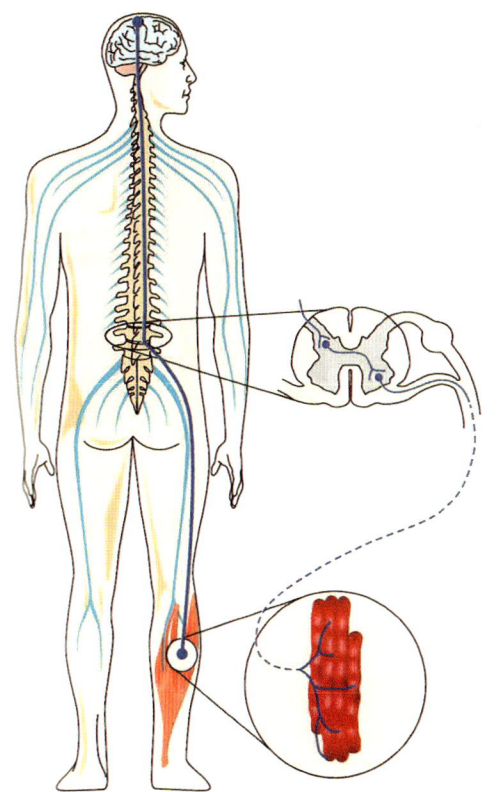

图4-1

图中显示了大脑如何通过神经纤维与肌肉进行连接。大脑向肌肉发出的信号通过神经肌肉接点传至运动单位，在神经肌肉接点会释放神经递质，从而引发肌纤维收缩。

肌肉

人体有大量的肌肉附着于骨骼上。图4-2呈现了一些在足球运动中非常重要的肌肉。肌肉成分中有四分之三是水构成的。剩下的主要是蛋白质，我们称之为收缩蛋白，这些收缩蛋白促成肌肉收缩。其中大多数和最重要的蛋白为肌球蛋白与肌动蛋白。在一个身体较瘦的人体内，肌肉质量占整个体重的40%。

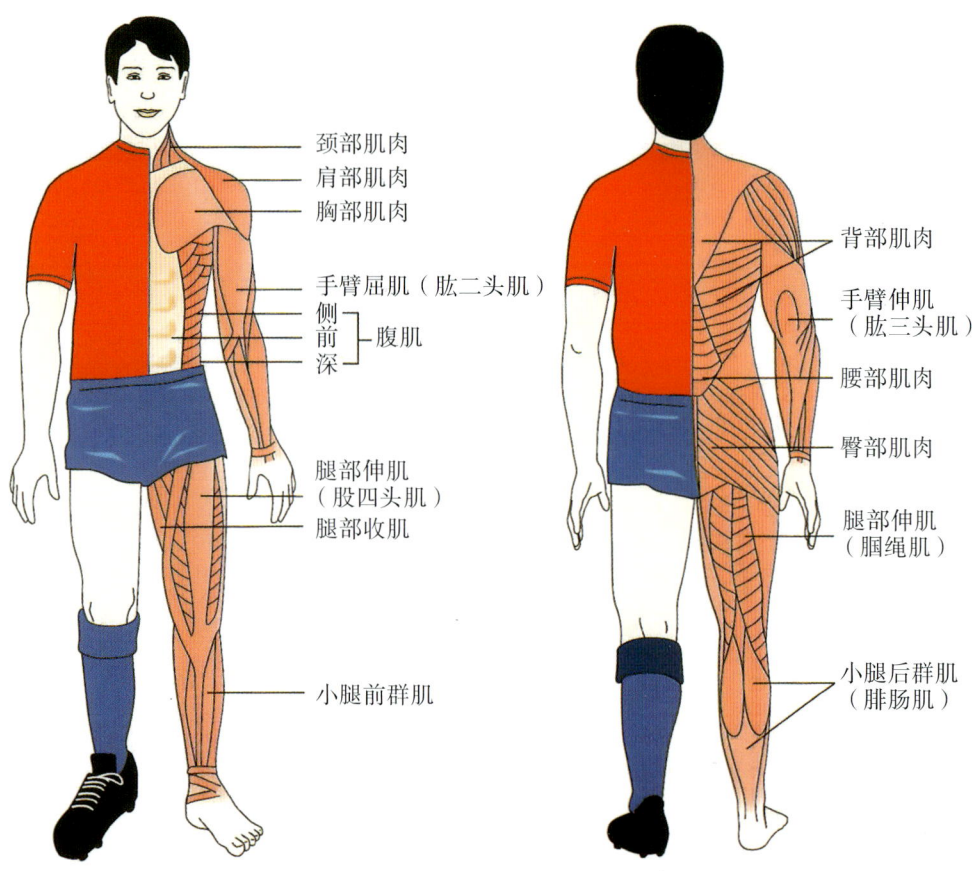

图4-2

身体主要肌群。

4. 神经肌肉系统

骨骼肌能够以三种不同的形式完成收缩（图4-3）：
- 向心收缩，肌肉发力时肌肉缩短。
- 离心收缩，肌肉发力时肌肉拉长。
- 等长收缩，肌肉发力时，关节没有可见的运动。

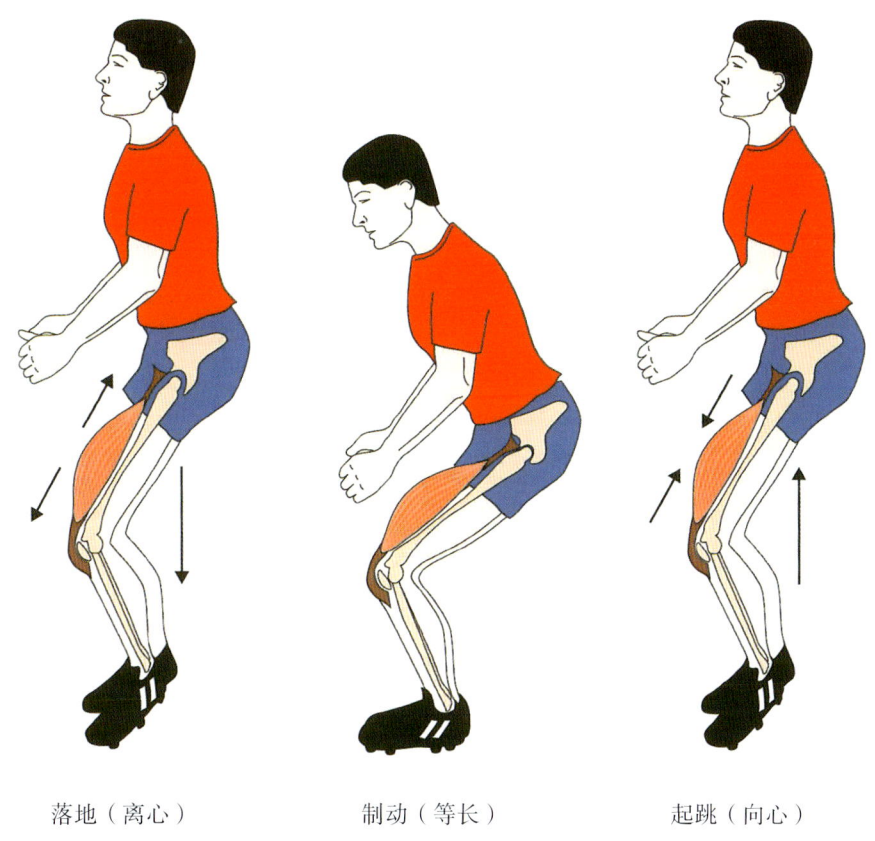

落地（离心）　　　制动（等长）　　　起跳（向心）

图4-3

肌肉收缩的不同类型。在离心收缩过程中，肌肉拉长（左）；在等长收缩时，肌肉长度不变（中）；在向心收缩过程中，肌肉缩短（右）。

肌肉收缩时力的产生取决于收缩的类型，在离心收缩过程中发挥出最大力量，等长收缩时产生的力的大小次之，之后随着速度的增加力的产生减小。力的生成与收缩速度间的关系参见图4-4的曲线，称为力与力速曲线。

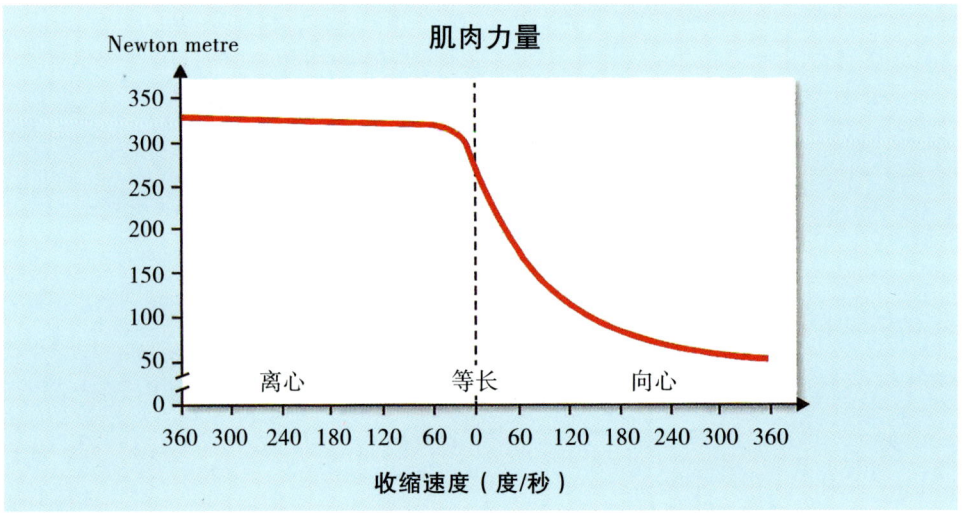

图4-4

力与力速曲线图。曲线图展示了收缩速度和肌肉产生力之间的关系。力由等动设备的装置评估得出，这个装置可以控制收缩速度。注意，在向心收缩过程中，力量通过收缩速度的增加而减弱。

肌肉在运动初始阶段能够发力的速度称之为发力率（图4-5）。较高的发力率有利于足球运动中的一系列动作，例如，踢球、冲刺以及起跳都需要快速发力。

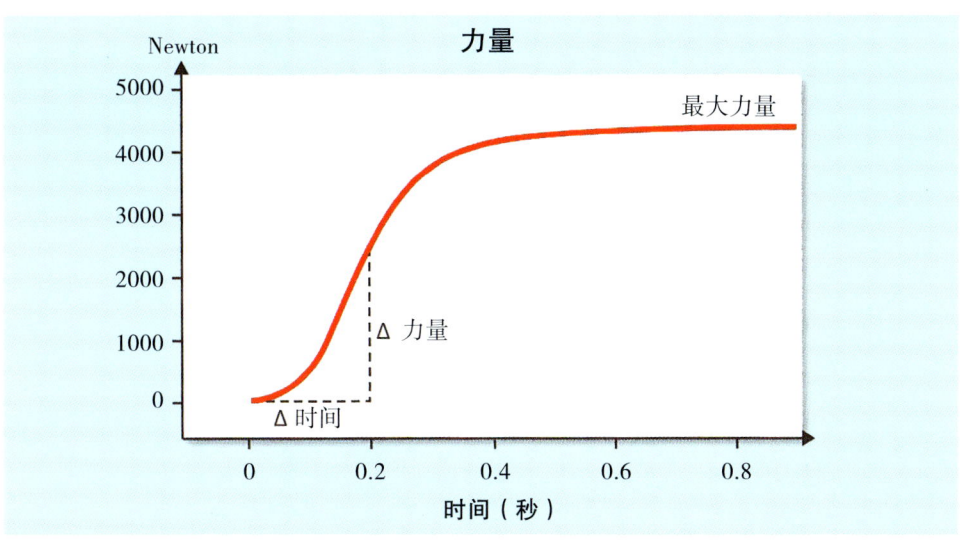

图4-5

在练习初始阶段中肌肉力量的产生。发力率可以由肌肉收缩阶段的早期（0.2秒）力的变化（Δ力）除以收缩时间（Δ时间）来判定。

肌纤维

人体的每一块肌肉均由很多的肌纤维（细胞）组成。人体骨骼肌主要由两种类型的肌纤维构成：慢肌肌纤维和快肌肌纤维。慢肌纤维也称之为Ⅰ型肌纤维，一般称为红肌纤维或慢缩肌纤维。同样快肌纤维被称为Ⅱ型肌纤维，也称为白肌纤维或快缩肌纤维。Ⅰ型肌纤维收缩速度慢，但可以维持较长时间的工作而不出现疲劳。Ⅱ型肌纤维收缩速度快，但在肌肉耐力上不如Ⅰ型肌纤维。Ⅱ型肌纤维又分成Ⅱa型和Ⅱx型肌纤维，慢Ⅰ型和快Ⅱx型肌纤维之间有很大不同。Ⅱx型肌纤维具备一些耐力能力。然而，它们可以快速完成发力。Ⅱa型肌纤维同样可以快速发力，但收缩速度明显低于Ⅱx型肌纤维。另一方面，Ⅱa型肌纤维比Ⅱx型肌纤维具有更强的耐力能力（图4-6）。

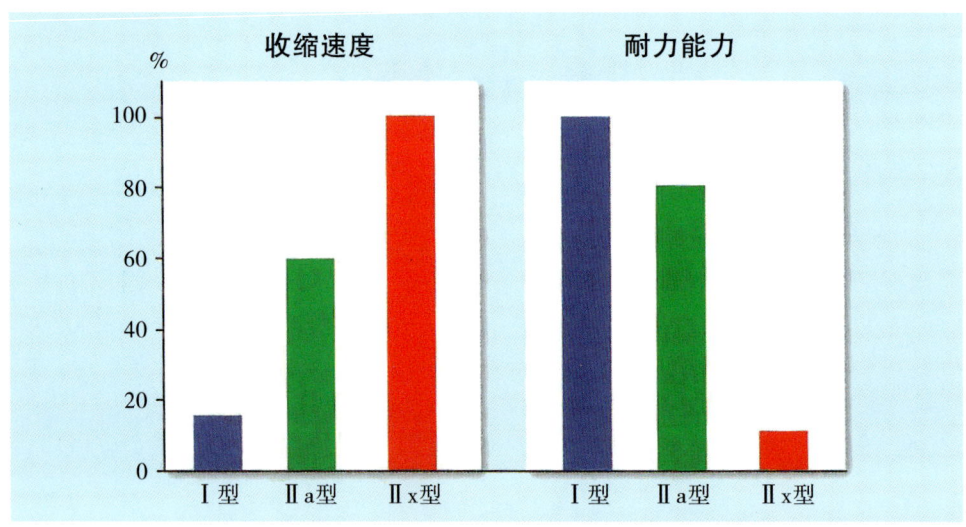

图4-6

肌纤维的耐力水平与收缩速度。图中显示Ⅱx型肌纤维的收缩速度明显高于Ⅰ型肌纤维，但耐力水平则不如Ⅰ型肌纤维。

　　肌肉中三种类型肌纤维的比例称为肌纤维类型的分配。Ⅰ型与Ⅱ型肌纤维的分配尽管有些差异存在，但在多数肌肉中相同。例如，小腿深层肌（比目鱼肌）几乎全部由Ⅰ型肌纤维构成，而Ⅱ型肌纤维则明显占据了手臂伸肌（肱三头肌）。肌纤维的分配可能随着时间而发生改变，大概在60岁后，某些肌纤维，尤其是Ⅱx快肌纤维出现流失现象，这是随着年龄的增长，肌肉体积缩小而造成力量与速度的下降。肌纤维类型的分配男子和女子间大致相同，在10岁以下儿童肌肉中，Ⅱx型肌纤维的比例大幅高于成年人肌肉中的含量。

　　参与运动的肌肉需要发展较好的力量，因此相对来说，Ⅰ型肌纤维的比例比起Ⅱ型肌纤维的比例来说较少。此外，Ⅰ型肌纤维在耐力运动员的肌肉中占有主要成分。例如，马拉松运动员双腿肌肉中的Ⅰ型肌纤维比重高，而Ⅱ型肌纤维比重低。反之，在短跑运动员的肌纤维比例分配上，由于其需要快速地发出最大力量，因此肌肉由Ⅱ型肌纤维主宰。肌纤维显现了极大的可塑性，例如，长期的力量训练可以使肌肉得到2倍或3倍的增长，如果几周时间保持不动，则可能使得肌肉体积降低超过20%。围绕肌纤维的附属细胞，称为卫星细胞，它们可以在肌纤维受损时传递细胞核至肌纤维完成肌纤维的修复。

4. 神经肌肉系统

神经系统

神经细胞，也称为神经元，由很多细小的突触（分支）及细胞主体构成，这些分支使得细胞接收神经冲动。此外，一条长的细纤维-轴突-将冲动由细胞传递至它的分支末端。在这个过程中，信号通过释放化学传递物质穿过细小的间隙，这种物质称为神经递质。信号要么被其他神经元接收，要么由组织细胞接收，包括肌纤维。传递信号导致了接收细胞的改变。

神经系统由百万个神经元构成，并组成两个部分，中枢神经系统（CNS）和周围神经系统（PNS）。中枢神经由大脑、脑干和脊髓组成（参见《足球运动与训练生理学》第11章）。周围神经系统是指与脑和脊髓相连的神经，周围神经根据其分布部位的不同建立与组织和器官的联系。对于运动的产生来说，运动与感觉神经是基础要素。运动神经负责肌纤维的激活。感觉神经元从器官和组织处接收刺激并将信息传送给中枢神经系统。两种类型的神经元存在于脊髓中，并由脊柱保护。

脊髓中的每一个运动神经元均有一个轴突，其散布于肌肉中，用于动员肌肉纤维。运动神经元和肌纤维构成运动单位，运动单位受神经活动支配。运动单位的大小各不相同；包括有少量肌纤维的运动单位被动员时动作更为精细，例如，眼部的肌群；而有更多肌纤维的运动员则需要完成粗大的动作，也能够产生更大的力量（如大腿肌肉组织）。运动单位功能是一种"全或无"的状态，也就是说要么所有受支配的纤维进行收缩，要不则不收缩。

对于肌肉的收缩来说，从神经元中产生的电冲动（信号）必须达到一个特定的水平，称为阈值。一个运动单位中的肌纤维都是相同的类型（例如，Ⅰ型、Ⅱa型或Ⅱx型纤维）。Ⅰ型肌纤维的阈值低于Ⅱ型肌纤维，因此它们在较低的做功强度上进行收缩。Ⅰ型肌纤维的运动单位小，每个运动单位包括10~180个肌纤维。Ⅱ型运动单位拥有大的神经元，包括300~800个肌纤维。这样，当一个单一的Ⅰ型运动单位受到刺激，只会动员到更少的肌纤维；而Ⅱ型运动单位被动员时，能够产生更快速、更大的力量。一般来说，肌肉力量的增长发展是由于更多运动单位和肌纤维的募集。这样，当低强度练习时，Ⅰ型纤维则成为主要被募集完成运动的纤维。随着练习强度的增加，越来越多的Ⅱa型肌纤维得到激活。在高强度练习中，如在一些力量训练中，Ⅱx型纤维同样参与其中。

动作完成

完成一个动作，大脑中的运动神经元激活肌肉中的运动单位以完成动作，抑制中间神经元（连锁神经元），也就是位于关节异侧的做功肌群。这种形式的必要性在于反向作用肌群（对抗肌群）为了优化动作的完成必须处于放松状态。在关节需要稳定的情况下（如在足球抢断中），异侧肌群同样做出反应（同步收缩）。在这种情形中，大脑可以解锁中间神经元从而祛除它们的抑制功效，并激活运动神经元的对抗肌群。

我们不断接收周身及来自身体个别部分视觉和其他感知的反馈。这种信息将会植入运动程序中以便进行运动，随后感知的加入使得运动过程中的肌肉活动发生改变。因此，没有任何运动是不经由感知信息传递给中枢神经系统而完成的。

肌腱

肌腱将肌肉与骨骼连接起来并将肌肉产生的力量传递给骨骼。肌腱由70%的水构成。其余30%主要由蛋白分子构成，称为胶原蛋白（约为85%）。肌腱中的胶原按横向连接将纤维紧紧包裹并固定在一起。小纤维聚集于较大的组织中称为肌束，最终组成肌腱（图4-7）。

作为肌肉中的连接组织，胶原蛋白同样存在于韧带、软骨、血管壁和身体大多数其他组织中。它以多种形式存在，在肌腱中Ⅰ型胶原蛋白最为凸显。细胞在肌腱中生成胶原蛋白和其他组织成分被称为纤维组织母细胞，同时包含于肌腱中。然而，肌腱中的细胞并不如肌肉中丰富。肌腱拥有多样的化学属性，其取决于个体胶原蛋白纤维的厚度与类型，同样也取决于胶原蛋白的合成，横向连接的数量以及肌腱的厚度。

4. 神经肌肉系统

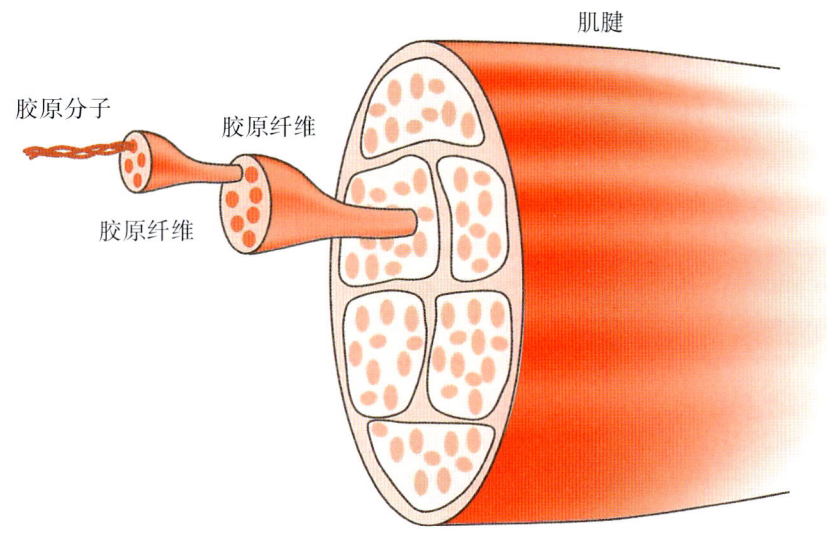

图4-7

肌腱的结构。胶原蛋白小纤维汇入胶原蛋白纤维中形成肌腱。

骨骼

骨骼构成了身体的结构支撑,并且作为杠杆系统传递由肌肉产生的力量,通过肌腱牵引骨骼完成运动,最终完成身体活动。骨骼主要由矿物性的连接组织以及钙和磷酸盐的沉积构成。骨骼的内部是骨髓,包含了特殊的细胞能够生成红细胞。骨骼中主要的活跃细胞是骨细胞,负责骨基质的周转——它们敏于向骨骼传递机械性压力,因而控制着骨骼的体积和厚度。

总结

除去条件反射外的所有运动都由大脑发起的运动程序进行管理。运动是运动神经从肌肉得到反馈后从而产生肌纤维神经支配的一种复杂的互动活动。肌肉发展力量的限度取决于肌肉的神经支配,以及肌肉自身肌纤维的特征。人体具有三种类型的肌纤维，Ⅰ型、Ⅱa型和Ⅱx型肌纤维。遗传因素是肌肉纤维类型分布的主要决定因素。肌腱将肌肉产生的力量传递给骨骼。肌腱主要由水和胶原蛋白分子组成。骨骼组成了身体的支撑结构，同样作为杠杆系统传递由肌肉经肌腱产生的力量进行运动。骨骼主要由矿化结缔组织组成。

复习题

1. 人体中的主要肌纤维类型有哪几种？
2. 慢Ⅰ型与快Ⅱa型和Ⅱx型肌纤维在练习过程中何种运动强度上会被调动？
3. 什么是运动神经元？
4. 什么是运动单位？
5. 神经细胞间是如何进行联系的？
6. 肌腱中产生胶原蛋白的细胞类型的名称是什么？
7. 肌腱中主要类型的胶原蛋白是哪种？
8. 骨骼中的活跃细胞名称是什么？
9. 红细胞从哪儿产生？

参考文献及推荐阅读

Andersen JL. Muscle characteristics of the runner. In J Bangsbo & H Larsen (Eds), *Running & Sciences*, Proceedings of the 2nd ECSS Congress, Munksgaard, Copenhagen, pp. 49-66, 2001.

Guadalupe-Grau A et al. Exercise and bone mass in adults. Sports Medicine 39: 439-469, 2009.

Heinemeier KM & Kjaer M. In vivo investigation of tendon responses to mechanical loading. Journal of Musculoskeletal & Neuronal Interactions 11: 115-123, 2011.

Schiaffino S & Reggiani C. Fiber types in mammalian skeletal muscles. Physiological Reviews 91: 1447-1531, 2011.

Wilmore JH et al. *Physiology of Sport and Exercise* (4th edition), Champaign, IL, USA: Human Kinetics, 2008.

5. 足球运动员对力量训练的适应

人体通过对训练的应激和适应而产生生理上的变化。在本章中，我们将检验力量训练对球员神经肌肉系统所产生的影响。

肌肉对力量训练的生理适应

在基础肌肉力量训练阶段中，肌肉会出现一系列的适应性变化。肌纤维产生更多的收缩蛋白，从而形成更大的肌肉横断面，使得肌肉生长，也称为肌肉肥大。肌肉同样变得更强壮，这是由于肌肉横断面积的增大使得肌肉可以产生更多的力量（图5-1）。

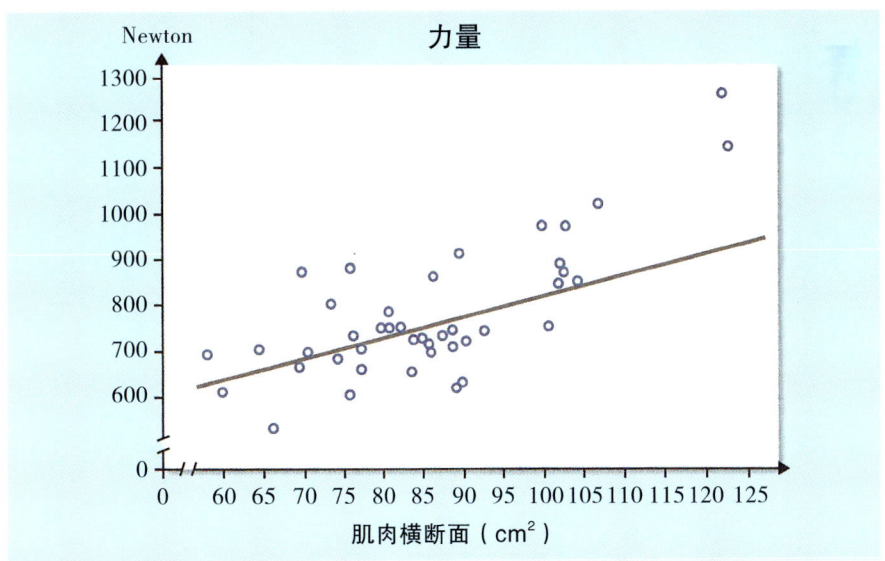

图5-1

肌肉横断面积与肌肉力量间的关系。注意，肌肉的体积越大，力量越大，而且在发力的过程中也存在很大的变化。图中展现出其他的因素，如神经系统的发展也影响了力量的大小。

肌肉的肥大程度取决于训练过程中肌纤维的负荷，以及总负荷量。在强度越大时，肌纤维变粗的效果会更明显，如图5-2，75%1RM以上的负荷强度效果最好。在一项研究中，研究者将受试分成3组，分别进行8周，每周2~3次力量训练。练习的方式分别为90%1RM，3~5次；70%1RM，9~11次，50%1RM，20~28次。在这三组中，强度更大、练习次数更少的实验组的力量与肌肉围度增加更多，中等强度那一组的效果次之；进行多次数、低强度的那一组提高的效果仅有强度更大、练习次数更少的那一个实验组的25%。因此，在进行基础肌肉力量训练时，为了更好地提高肌肉力量，训练强度要逐步提高。也就是说，当运动员变得更强壮，为了获得更好的发展必须使用更高的强度。

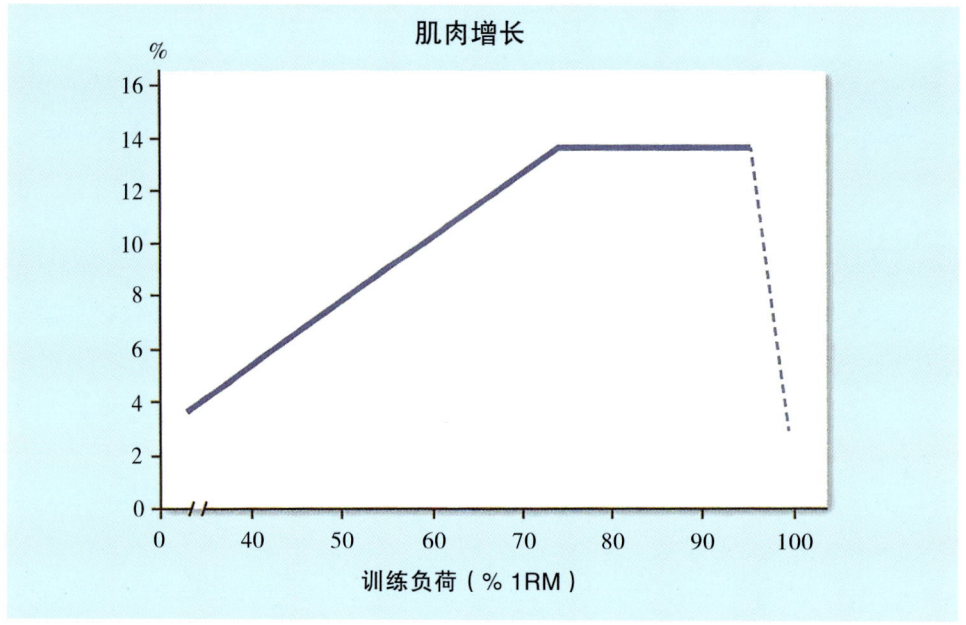

图5-2

肌肉体积增长和训练过程中负荷量间的关系。为期3个月，每周2~3次的基础肌肉力量训练效果显示，70%~95%1RM的负荷量对肌肉肥大有最佳的训练效果。

同样这里还有训练课的频率和肌肉体积增长间的关系。研究发现，训练课由一周一次增加为一周两次将会成倍获得肌肉体积和力量方面的增长（图5-3）。另外，把训练课从2次增加到3次，只会得到适度的进一步提高，更不用说再加入一堂训练课。

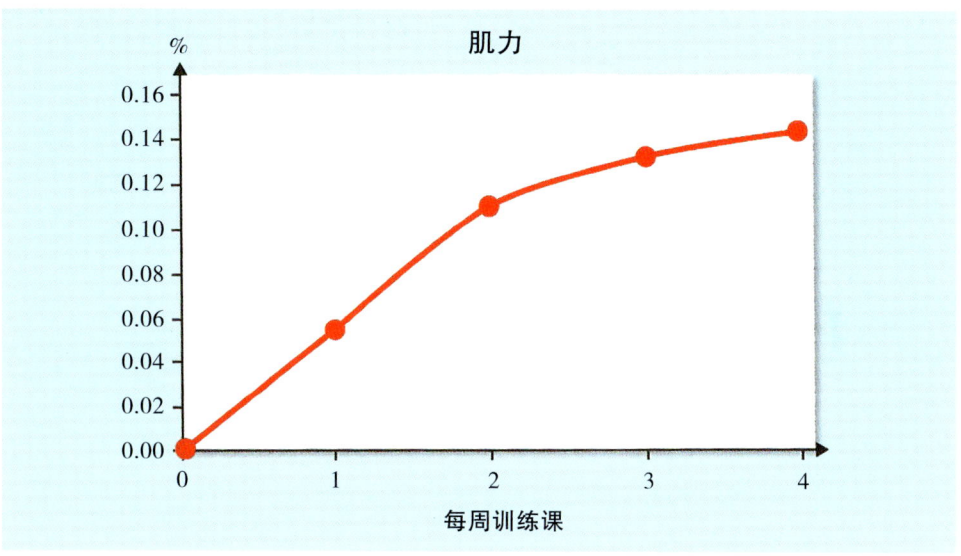

图5-3

力量训练频率对于肌肉增长的影响。图中显示，一周训练课的数量如何对肌肉的生长产生影响（以每天肌肉体积的增加表示）。所有训练课均为相同的训练组数和负荷量。注意，一周内进行一次或两次训练课对肌肉增长具有很大不同，而一周进行2次和3次训练课的差异则不大，一周进行3次或4次训练的差异就更小。

当进行基础肌肉力量训练时Ⅰ型和Ⅱ型肌纤维均会得到增长。在低负荷的情况下，两种肌纤维类型的增长持平，但在额外的高负荷情况下（大于1RM的50%），Ⅱ型肌纤维将会比Ⅰ型肌纤维增长得更多（图5-4）。因此，结合负荷的基础肌肉力量训练将会使Ⅱ型肌肉纤维的体积明显增加，肌肉不仅更加强壮，而且收缩速度也会加强。

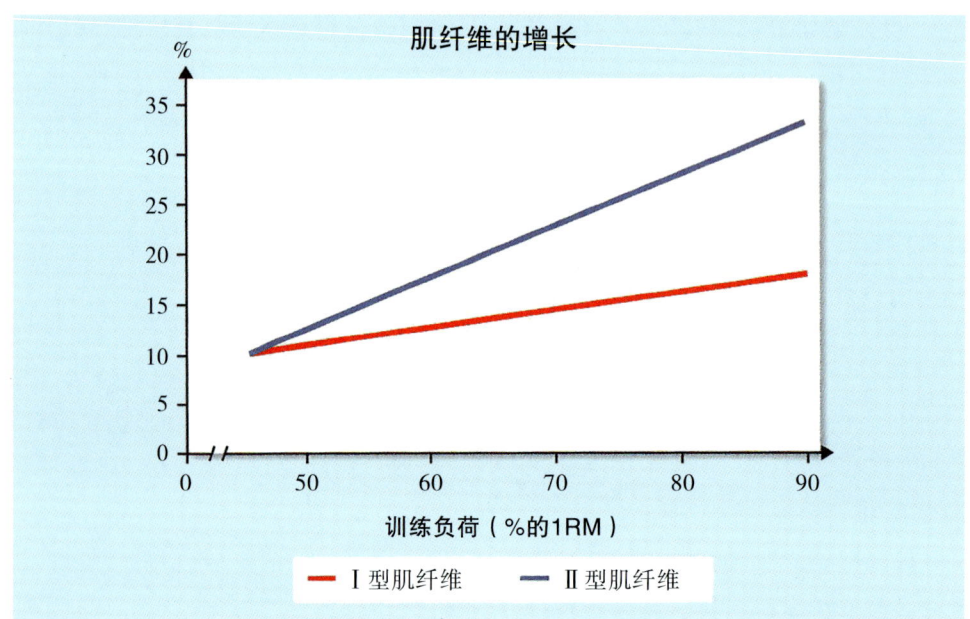

图5-4

不同外负荷对于肌纤维生成的影响。如图所示,只有少量或没有力量训练经验的个体,在进行了12周不同的强度的训练后,不同肌纤维增长的情况(红线为Ⅰ型肌纤维,蓝线为Ⅱ型肌纤维)。图中也可以看到,当强度更大时,与Ⅰ型肌纤维相比,Ⅱ型肌纤维增长会更多。

肌纤维的总数量不会随着基础力量训练的进行而增加,但是肌纤维类型的分配会发生改变。训练会使Ⅱx型肌纤维向Ⅱa型肌纤维转变。研究中发现,个体在经受了为期12周的大负荷基础肌肉力量训练时,Ⅱx型肌纤维的数量减少,而Ⅱa型肌纤维数量增加(图5-5)。此外,受训肌肉明显肥大。被测试者在30米冲刺跑中速度更快。然而,矛盾的是Ⅱx型肌纤维比Ⅱa型肌纤维拥有更快的收缩速度(参见图4-6),Ⅱx型肌纤维极易疲劳,且不足以支持30米冲刺跑的全过程。因此,更为有利的是拥有更多的Ⅱa型肌纤维,因为它的收缩速度快且耐受疲劳的能力更高。在接下来的12周内被测试者如果不进行力量训练,则已经获得的肌肉力量会逐渐流失。另外,Ⅱa型肌纤维的数量会减少,同时Ⅱx肌纤维数量上升的水平甚至超过了训练之前的水平(参见图5-5),这一现象称为"Ⅱx型肌纤维超出"。无论训练还是非训练时期,都不会对Ⅰ型肌纤维产生影响(参见图5-5)。

5. 足球运动员对力量训练的适应

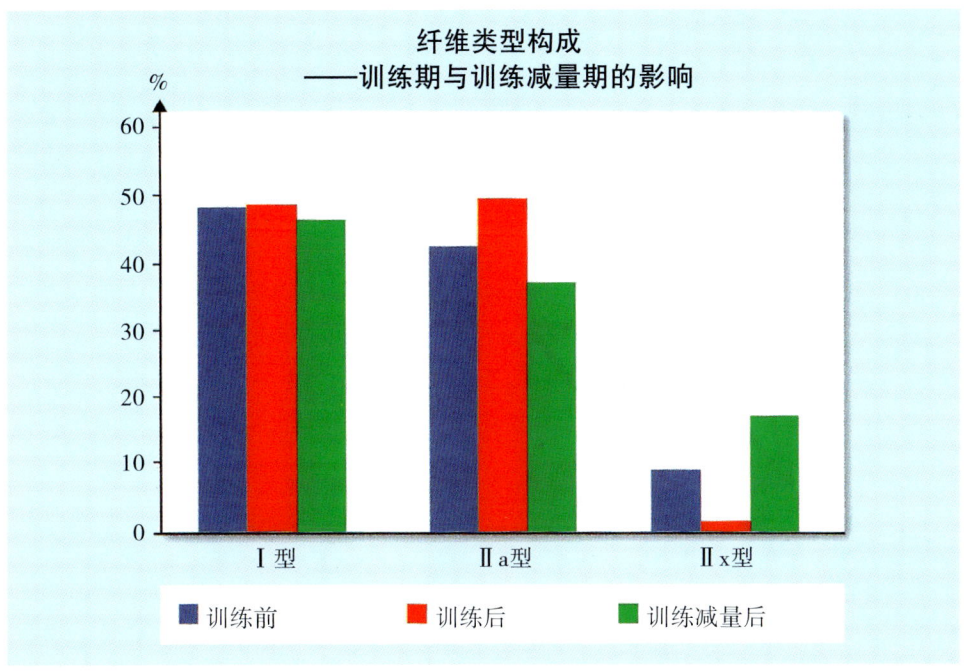

图5-5

基础肌肉力量训练前后肌纤维类型的分布。图中显示为期12周的基础肌肉力量训练与随后12周未进行力量训练的效果。注意，Ⅰ型肌纤维出现的改变不大，但Ⅱa型和Ⅱx型肌纤维在力量训练周期和力量训练阶段出现了此消彼长的状态。

一些个体在基础肌肉力量训练的初始阶段肌纤维的构成上有较大的改变，但是其他方面只有细小的变化，这取决于最初在他们的肌肉中Ⅱ型肌纤维数量的多与少。同样，一些个体拥有明显的肌肉肥大，然后其他的可能没有变化或是在接受基础力量训练后只有一定程度上增长。在一份为期16周对66名球员进行的力量训练研究中，有17例几乎没有出现肌肉肥大现象，然而32例和17例分别出现了约25%和50%的肌肉肥大。这样，球员可能训练量相同而反应不同，有些没有或几乎没有获得肌肉体积的增长，而另外一些球员出现了明显的肌肉肥大。不过，由于神经支配能力的提高，这些都会增加肌肉的力量（参见下个部分）。因此，教练员应该意识到肌肉力量和肌肉肥大在一组球员中会有个体的差异，即便他们进行同样的训练。

神经系统对力量训练的适应性

在肌肉肥大前神经系统呈现出对力量训练及相应变化的快速适应。神经系统的适应性导致了早期肌肉力量的增长（图5-6），这主要是更协调的运动形式和神经冲动传递至肌肉的次数和频率的增长。这关系到神经支配的加快，导致整体收缩速度的提升（图5-7）。此外，肌肉收缩变得更有爆发力。发力的速率同样增长（图5-8）。当进行大多数快速运动时，这或许是从基础肌肉训练中获得的最重要的功能，如起跑和起跳，触地时间在50~200毫秒。经过训练，起跑变得更加有力，从而有更快的加速和跑动速度。同样，头顶球时更快的起跳会占据优势。

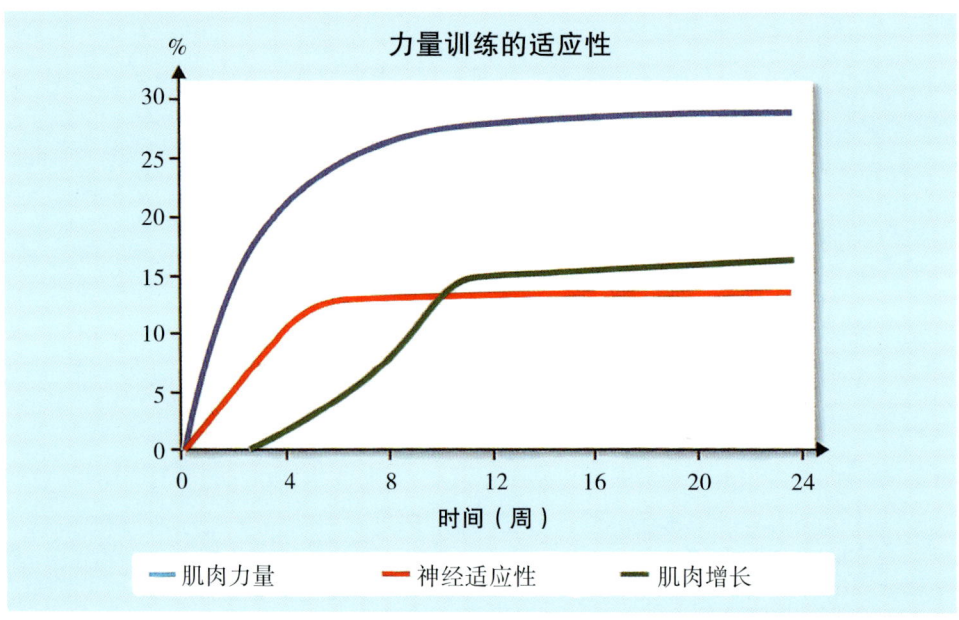

图5-6

神经系统和肌肉在力量训练、力量增长上的反应。图中显示，在第一个为期8周的基础肌肉力量训练期间神经系统（红线）和肌肉（绿线）的适应性对力增长（蓝线）的影响。注意在第一个8周中，神经支配能力出现急速的改变，从而改善了发力；随着训练的进行，肌肉适应性使得增长速度趋于平稳。

5. 足球运动员对力量训练的适应

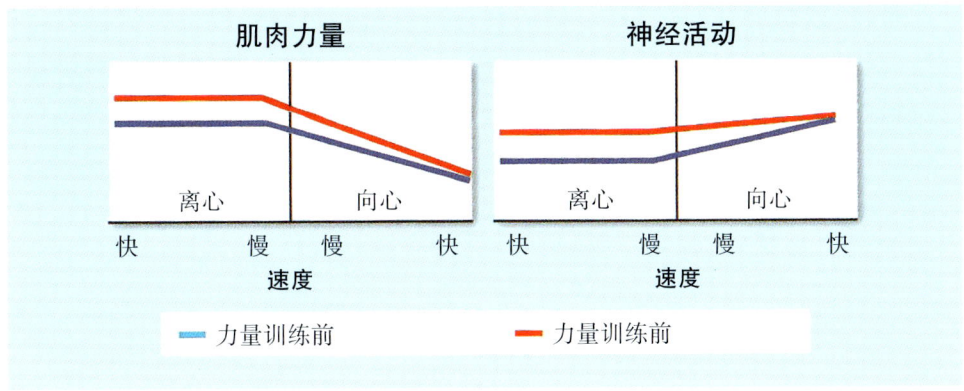

图5-7

基础肌肉力量训练对肌肉力量和神经反射的影响。肌肉力量（左侧）和神经反射（右侧）在一段时间的基础肌肉力量训练前（蓝线）后（红线）所显示出的收缩速度上的变化。注意，力量和神经支配在全部收缩速度上均比训练前更高。

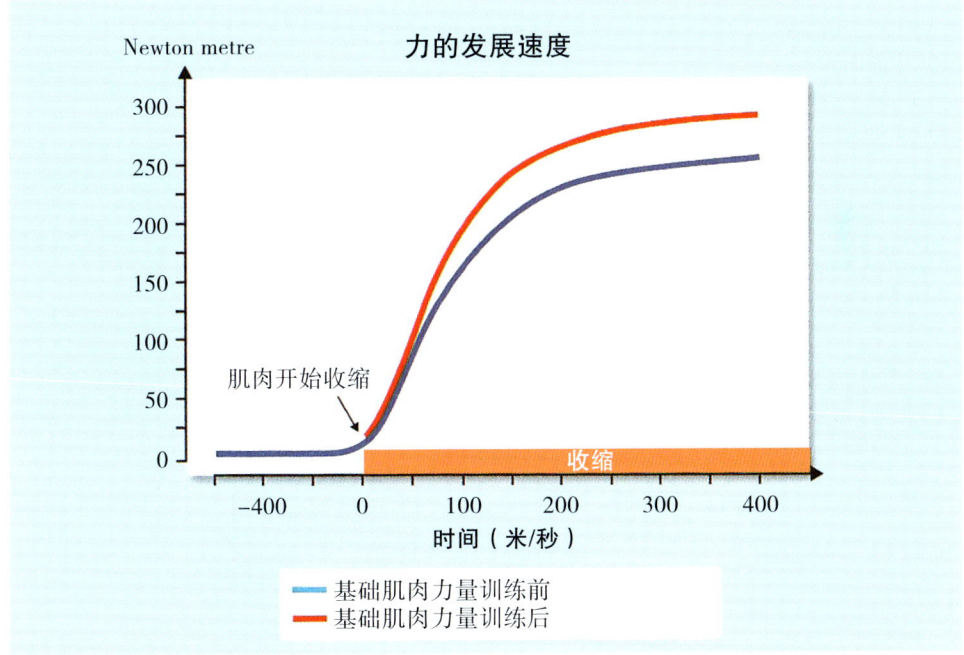

图5-8

基础肌肉力量训练在收缩的初始阶段对于发力的影响。图中显示在大腿肌肉（股四头肌）收缩的初始阶段，8周基础肌肉力量训练前（蓝线）后（红线）的发力变化。注意训练后力量从收缩的初始阶段就显著升高。

有研究者将受试分成两组，分别采用不同的训练方式。第一组做动作时只进行向心收缩，第二组在做动作时即有向心又有离心收缩。两组每周进行4~5组训练，每组练习6~12次，共进行19周。两组训练总量相同。与只做向心动作的那一组相比，即进行向心又进行离心动作的一组在肌肉体积和力量的提高幅度更大（近2倍）。结果表明，在做动作时，即做向心又做离心收缩的方式更为有效。应该认识到，在大多数练习时，球员都会既做向心又做离心收缩。例如，当负荷恢复到手臂弯曲的起始位置时，肱二头肌此时就是在做离心收缩。同样还应该考虑的是专项离心力量训练会造成酸痛，恢复时间较进行向心力量训练要多出几倍。

肌腱与结缔组织对力量训练的适应性

肌腱既不是一个刚性结构，也不是一个弹力带，它是一个活组织。肌腱依靠从肌肉收缩而来的规律性刺激以维持它的特征，通过训练可以改变肌腱的特征。通过训练，构成肌腱的结缔组织会在厚度和体积上有所改变。肌腱同样通过训练可以改变其物理特征。当肌肉生长并变得强壮的时候，肌腱同样变得更加厚、强壮及坚韧，能够满足肌肉收缩时对它的需求。例如，经常跑步有规律做力量训练的人群其肌腱围度较不参加训练的人群多出20%~30%。同样，左右两边进行移动项目的运动员（如羽毛球和击剑），其惯用腿髌腱的围度较非惯用腿多30%左右（图5-9）。

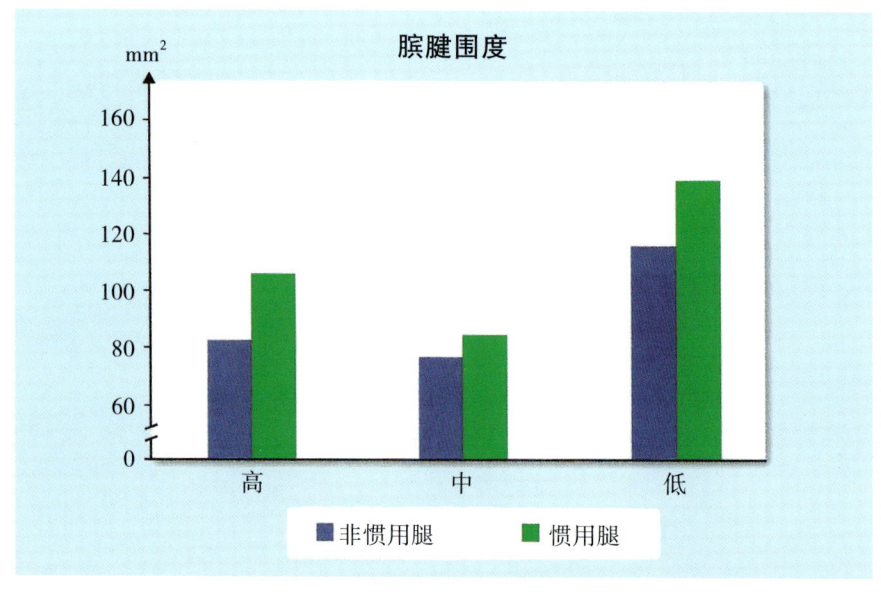

5. 足球运动员对力量训练的适应

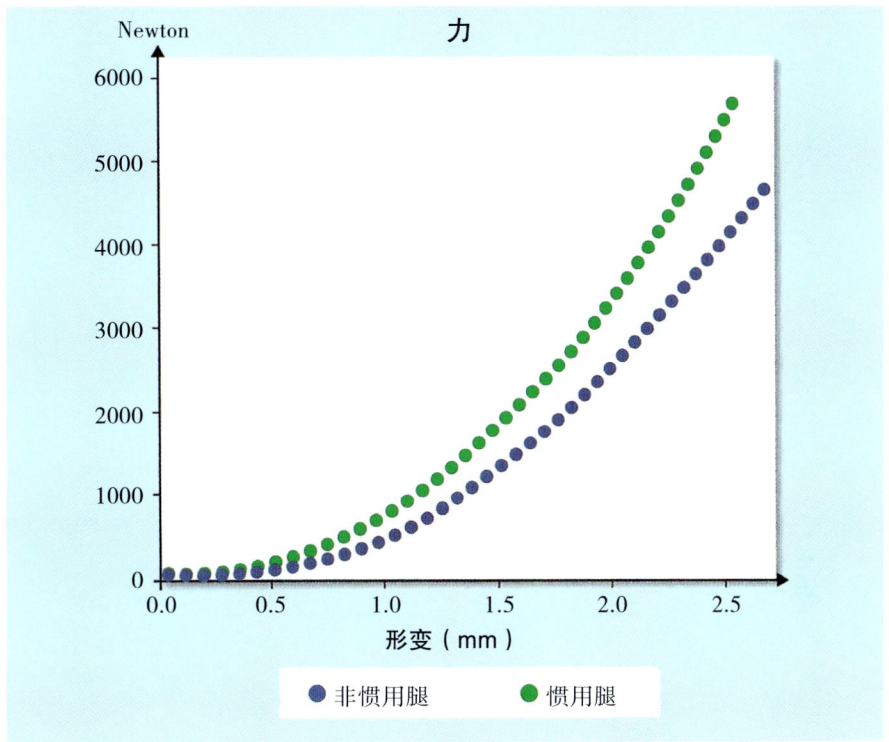

图5-9

一名羽毛球运动员惯用腿和非惯用腿髌腱围度及力的生成曲线。肌腱的体积（上图）和发力（下图）展现了惯用腿（绿线）和非惯用腿（蓝线）的不同。注意惯用腿承载的更大负荷导致其髌腱变得更厚和更强壮。

一条强壮而坚硬的肌腱有利于肌肉通过肌腱将能量更好地传递给骨骼，这使得冲刺跑表现和跑动的经济性得以提升，因此也改善了球员的耐力能力。肌腱的生长是一个缓慢的过程，但实验显示，为期3个月的力量训练使得膝关节肌腱部分出现了5%左右的肥大现象（图5-10）。

当开始进行基础肌肉力量训练的时候，应该考虑到肌腱的适应性比肌肉的适应性需要花费更长的时间。因此，如果大面积的肌肉在短时间内出现肥大和力量的增长，那么对于肌腱来说或许负荷过大。这显然增加了伤病出现的风险，尤其是在比赛中当运动不能受控时。因此，肌肉体积的发展应该放缓，尤其是在间歇期中。

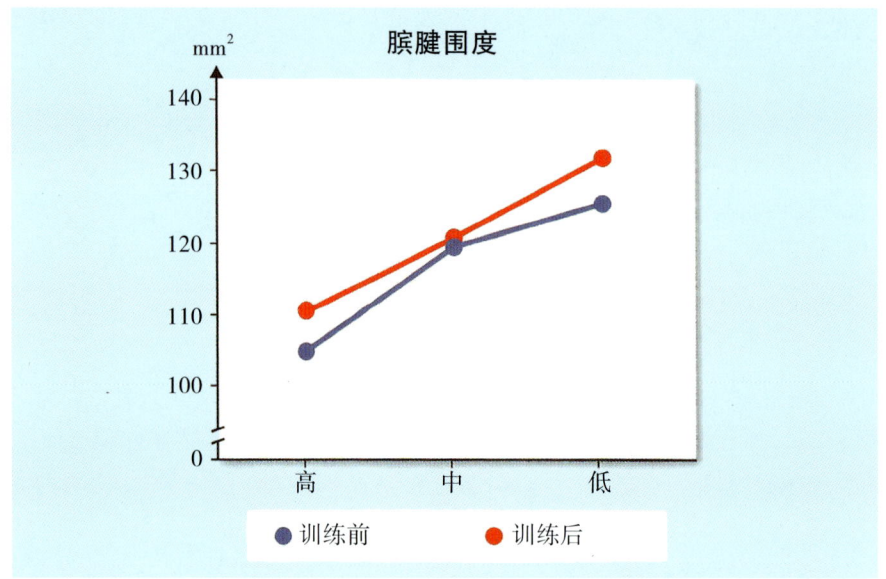

图5-10

基础力量训练对于髌腱的影响。被测试者以大负荷（1RM的75%~85%）进行了12周的股四头肌训练。图中显示了髌腱的3个位置。注意，训练使得髌腱的两端在围度上有了明显的增长。

结缔组织不仅存在于肌腱之中，同样在肌肉中分布广泛，肌肉和肌腱间的转换区域也同样存在。肌肉中以及肌肉和肌腱间连接的损伤通常是由于结缔组织的破裂所致，而非肌纤维。基础肌肉力量训练为肌腱在比赛中的发力，以及降低损伤风险做好准备（参见第10章）。

骨骼对力量训练的适应性

随着生命进程，骨骼作为活体组织会在形状、尺寸和构成方面发生变化。骨骼对训练产生反应，特别是对大负荷模式及较大冲击性动作（如跳和冲刺），这些运动使得骨骼得以生长。这种练习同样增加了骨骼矿物质密度，使得骨骼更加紧密并降低脆性。因此，通过训练可以提高骨骼强度。骨骼组织的生长取决于练习过程中骨骼承受了多大负荷。例如，试验中只有一条腿在练习中承受负荷，骨骼矿物质密度的增长只会出现在负重腿。这点对于那些没有经过很长时间训练的球员在重建过程中尤为重要，因为训练时间的缩短导致了骨骼矿物质密度的下降。规律的训练能够帮助球员的骨骼恢复其强度。

通常并不需要花费专门的时间对骨骼的强度进行训练。负荷通过常规的足球训练作用在骨骼上，结合额外的基础肌肉力量训练和力量转换训练，将会保持骨骼矿物质密度处于一个充足的水平。一项有趣的观察，在青少年时期参加过高强度运动的成年人（如跳和冲刺跑）的骨密度高于那些未进行相关运动的人群。这表明孩子在他们的童年时期参加高强度运动的重要性。

总结

基础力量训练主要引起肌肉收缩和神经系统方面的适应性，使得肌肉的力量增大，肌纤维变粗以及Ⅱx型肌纤维向Ⅱa型肌纤维转变。Ⅰ型肌纤维没有转变。如果在基础力量训练中施加较高的负荷（1RM的75%以上），那么肌肉的生长将更为显著。如果将基础力量训练的频率从一周一次增加到一周2次，肌肉的增长可能会得到加倍的效果。但是如果继续增加训练的频率，如每周3次甚至4次，其结果与每周2次没有太多的区别。

在基础力量训练过程中对肌肉施加更大的负荷，更多的Ⅱ型肌纤维将会得以发展，相反Ⅰ型肌纤维的生长只有细小变化。通过基础力量训练而引起的肌肉力量和生长（肥大）的适应性变化有很大的个体差异，一些个体在肌肉力量方面的增长不是很明显，几乎也没有肌肉的生长。同样对于高强度运动的强烈反应使得肌腱和骨骼对于力量训练产生适应。然而，肌腱和骨骼的适应性较肌肉与神经的适应性发展得更为缓慢。因此，在进行肌肉力量训练的初始阶段，应该注意循序渐进。

复习题

1. Ⅱx型肌纤维进行力量训练会发生怎样的变化？
2. 在高强度力量训练下哪一种肌纤维类型的生长最快？
3. 低强度和高强度基础肌肉力量训练的影响是什么？

4. 影响基础肌肉力量训练效果的因素有哪些？
5. 训练如何影响肌纤维类型的分布？
6. 什么是肌肉肥大？
7. 在一段时间的力量训练后肌肉为什么变强壮？
8. 在基础力量训练过程中增加离心肌肉做功的影响是什么？
9. 在基础力量训练过程中肌腱或肌肉哪个生长更快？

参考文献及推荐阅读

Aagaard P. Training-induced changes in neural function. Exercise and Sport Sciences Reviews 31: 61-67, 2003.

Aagaard P. Making muscles "stronger": exercise, nutrition, drugs. Journal of Musculoskeletal & Neuronal Interactions 4: 165-174, 2004.

Andersen JL & Aagaard P. Myosin heavy chain IIX overshooting in human skeletal muscle. Muscle & Nerve 23: 1095-1104, 2000.

Campos GE et al. Muscular adaptations in response to three different resistance-training regimens: specificity of repetition maximum training zones. European Journal of Applied Physiology 88: 50-60, 2002.

Couppé C et al. Habitual loading results in tendon hypertrophy and increased stiffness of the human patellar tendon. Journal of Applied Physiology 105: 805-810, 2008.

Dudley GA et al. Importance of eccentric actions in performance adaptations to resistance training. Aviation, Space and Environmental Medicine 62: 543-550, 1991.

Elloumi M et al. Long-term rugby practice enhances bone mass and metabolism in relation with physical fitness and playing position. Journal of Bone and Mineral Metabolism 27: 713-720, 2009.

Fry AC. The role of resistance exercise intensity on muscle fibre adaptations. Sports Medicine 34: 663-679, 2004.

Guadalupe-Grau A et al. Exercise and bone mass in adults. Sports Medicine 39: 439-469, 2009.

Heinemeier KM & Kjaer M. In vivo investigation of tendon responses to mechanical loading. Journal of Musculoskeletal & Neuronal Interactions 11: 115-123, 2011.

Kongsgaard M et al. Region specific patellar tendon hypertrophy in humans following resistance training. Acta Physiologica 191: 111-121, 2007.

Maganaris CN et al. Adaptive processes in human bone and tendon. In M Cardinale, R Newton & K Nosaka (Eds), *Strength and Conditioning*, Oxford, UK: Wiley-Blackwell, 2011.

Norrbrand L et al. Resistance training using eccentric overload induces early adaptations in skeletal muscle size. European Journal of Applied Physiology 102: 271-281, 2008.

Petrella JK et al. Potent myofiber hypertrophy during resistance training in humans is associated with satellite cell-mediated myonuclear addition: a cluster analysis. Journal of Applied Physiology 104: 1736-1742, 2008.

Randers MB et al. Positive performance and health effects of a football training program over 12 weeks can be maintained over a 1-year period with reduced training frequency. Scandinavian Journal of Medicine & Science in Sports 20: 80-89, 2010.

Wernbom M et al. The influence of frequency, intensity, volume and mode of strength training on whole muscle cross-sectional area in humans. Sports Medicine 37: 225-264, 2007.

6. 基础肌肉力量训练

正如第五章所阐述的那样,基础力量训练的目的是提升神经支配、肌肉体积、肌肉力量及发力的速率。训练能够使一系列的足球运动方面的能力得到改善,如起动、跑动速度、反复持续高速跑动的能力、踢球力量和跳跃能力,同样还可以减低伤病的风险(图6-1)。

当进行基础肌肉力量训练时,早期阶段训练效果显著。不过重要的是要清楚,足球竞技能力的进一步提高是缓慢且逐步的。因此,训练计划的制定同样要着重于考虑数月或数年可获得的训练成果。

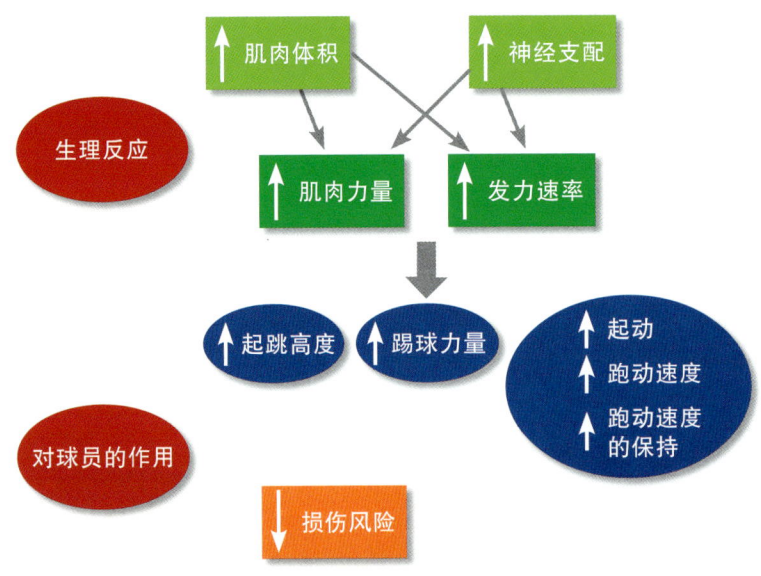

图6-1

基础肌肉力量训练所带来的生理方面的改变。这些变化促使球员的运动能力具有很多方面的提升并降低了损伤风险的比例。

6. 基础肌肉力量训练

基础肌肉力量训练的类型

基础肌肉力量训练包括自由负重、器材或器械的运用，为肌肉增加额外的负荷，或者利用身体自身的重量作为一种负荷量。基础力量训练的类型对球员是否适合取决于一系列的因素，如训练经验、训练年限、球员的年龄、可用时间，以及可利用的装备。训练可能在健身房，或者在其他能够实现训练目的的设施中进行。练习不需要与比赛中的运动情况一致。

如何进行基础肌肉力量训练

基础力量训练可以分为三个练习组：
- 自由力量训练
- 器械力量训练
- 利用自身重量或使用弹力带等功能力量器械进行训练

自由力量训练

自由力量训练主要包括利用哑铃和杠铃进行的练习。向心收缩运动应该以最大速度进行，接下来的离心收缩阶段则要放缓完成。因此，重量根据肌肉发力和重量的负荷进行加减。当进行大负荷离心收缩训练时，辅助人员通常需要在动作完成后将器械放回支撑上，因为器械重量高于球员所能承受的范围。当进行自由力量训练时，身体通常处于无支撑状态。因此，训练同样改善了平衡、协调，以及与动作无直接相关的肌群力量。

器械力量训练

当结合器械力量进行训练时，动作的幅度往往取决于器械，加速度的方式也与自由力量训练时不同。与自由力量训练时一样，向心收缩动作应该以最大速度完成，而接下来的离心收缩环节则要放缓。尽管一些类型的器械可以通过调节完成几个练习,但实际练习时,每个练习都需要一个特定的器械。

自由力量训练与器械力量训练的对比

从某些方面来说进行自由力量训练与器械力量训练是相似的,但也存在一些不同之处。表6-1列出了主要的不同点,同时也给出了两种训练形式的优势和不足。

表6-1　自由力量训练与器械力量训练的优点与不足

自由力量训练	器械力量训练
低稳定性需要更好的平衡控制,这虽然使得练习的难度增加,但同时也增加了神经系统的适应性	运动中的稳定性高对于平衡能力需求较少,易于训练的完成,但是限制了神经系统适应性的发展
阻力更为专项化且动作更贴近于比赛中的情景	动作接近于比赛中动作,但专项性较低
自由力量易于球员个体调整	器械适用于一般人群;尽管许多器械可以根据高、低、强壮进行个体调整,但是个体的训练经验可能成为问题
自由力量训练需要额外处理重量杆,安装杠铃片或是哑铃片,并需要从架子上搬上搬下	结合器械进行练习,负重的选择和变换较为容易。因此,球员可以在短时间内就可以开始训练
拿起和举起自由力量需要专门的技巧,因此当进行训练或举起的重量较高时增加了损伤的风险	器械易于控制且练习时能将损伤的风险降到最低
某些肌群很难通过自由力量训练达到训练目的(如腘绳肌)	所有主要的肌群都能够得到有效的训练
大多数自由力量训练都包括了几个关节的运动,从而有可能用很少的训练方法就能够使全身参与到训练中来。然而不利的是,如果球员有相对薄弱或受伤的关节和肌肉,有些练习就无法进行。初始进行自由力量训练者需要专门的指导和监督	大多数器械练习,只有一个肌群参与练习。不利的是这样需要进行多种练习才能发展更多的部位;但是受伤关节或肌肉则可以得到相应的保护

（续表）

自由力量训练	器械力量训练
出于安全的考虑自由力量训练不要单独进行，特别是负重大的时候	以器械进行力量训练只需要稍加指导，在对练习进行简单的解释后，球员自己就可以开始练习，在器械上进行训练即使重量重，球员也可以独自完成
自由力量训练并不需要很大的投入	准备所需数量的器械费用昂贵
有训练经验的球员才能进行自由力量训练。孩子和青少年球员不要进行自由力量训练	所有人群都可以进行器械力量训练。同样也是青少年球员和训练经验不足的球员的选择，对于损伤后进行早期重建的球员同样适用

利用自身重量或使用功能力量器械的训练

练习利用装备，如弹力带或自身重量作为负荷是基础肌肉力量训练的一部分。这些类型的练习可以使结构组织和肌腱强度变大。这些练习，同样可以作为进行自由力量训练或器械力量训练的准备，特别是对青少年球员更是如此。此外，还可以对那些用自由力量训练或是器械力量训练难以练到的肌群进行练习，如用仰卧起坐的形式训练腹部肌肉。这种训练同样适用于损伤后的恢复初始阶段。然而，肌肉的负荷量通常不能有效地引起肌肉肥大。利用体重作为负荷练习的优势在于可以使所有球员同时进行训练。

热身

热身活动应该在进行基础肌肉力量训练前进行，通过热身提高肌肉温度，会有更好的训练效果。基础肌肉力量训练不像足球其他类型的热身活动，热身强度不要太高。热身可以由5分钟的中等强度跑或自行车骑行开始，接下来是对肌肉进行力量训练，但是专项动作的进行只能以低负荷进行。

基础肌肉力量训练的关键环节

一次重复是指完成一次完整的练习。例如，重复的起始由向心收缩开始，也就是重量被举起时；以离心收缩结束，也就是重量回落至起始位置。

一组是指一系列没有停顿和休息的状态下完成的练习。一组训练可以由任何重复次数组成，但在基础肌肉力量训练中，数量应少于20次。

在进行专项练习时，一次最大重复（1RM）是指一次可以举起的最大重量。更高的最大重复，如3RM、6RM和10RM，取决于可以举起的重量特定次数重复数量（但是不要再多），此情况下分别为3次、6次和10次。

1RM的测定

测定1RM，在球员充分进行热身活动后，举起一个适当的重量。如果球员可以举起这个重量两次，球员在休息约1分钟后再举更高的重量。这个过程持续进行至其只能完成举起一次的重量为止。最终的重量就是这个练习的1RM重量。另外，在练习中既定的大重量上的最大重复次数（<10）确定后，也可以估算出1RM负荷。通常不同的测量方法之间有着近似关系，如在卧推练习中的8RM相当于1RM重量的80%（表6-2）。例如，球员在卧推练习中以70公斤的重量进行5次练习，那么他的5RM就是70公斤，据此推算的1RM、3RM、7RM和10RM负荷将为82、74、66和61公斤（表6-2、表6-3）。不同RM间的关系是特定于既定的练习与既定的训练装置。因此，如果在两个不同练习中的1RM是80公斤，那么10RM可能在一个训练中为74公斤，而在另一个训练中为65公斤。表6-4是一个标准RM表，可以结合主要的肌群运用于练习中。然而，在使用这个表格时需要注意的是，不同的人，以及不同的练习并非与表格上的数据绝对一一对应。因此，两名球员同样以1RM进行一个专门的练习，可能在同样的练习中出现明显的10RM数值上的差异。同样，RM表值也可以结合两个不同练习器械进行同样的练习而产生差异（如进行腘绳肌弯曲训练的两个器械）。

表6-2 不同RM的相关负荷（最大力量的%）

RM	1	2	3	4	5	6	7	8	9	10
%（最大百分比）	100	94	91	89	86	84	81	79	76	74

表6-3 卧推训练中，以5RM负荷量为基础对不同RM负荷量的估算

RM	1	2	3	4	5	6	7	8	9	10
负荷公斤	82	77	74	72	70	68	66	65	63	61

表6-4可以用来估算1RM负荷量。例如，如果5RM的负荷量是77公斤（绿色），那么1RM的估算值为90公斤（蓝色）。同样，其他的RM值也能够从1RM的确定值中估算出来；例如，1RM负荷是130公斤（绿色），那么8RM的估算值为102公斤（蓝色）。此表可以用于主要肌群的训练，如腿部推举、坐姿伸膝和腘绳肌弯曲练习。然而，应该特别注意练习中的个体差异性。因此，每个练习中每名球员都应有相应的图表是理想的和更为可取的。

表6-4 1RM与更高RM间的关系

RM	1	2	3	4	5	6	7	8	9	10
%（最大百分比）	100	94	91	89	86	84	81	79	76	74
负荷公斤	150	140	137	133	129	125	122	118	114	110
	140	131	127	124	120	117	113	110	106	103
	130	122	118	115	112	109	105	102	99	66
	120	112	109	106	103	100	97	94	91	88
	110	103	100	97	95	92	89	86	83	81
	100	94	91	89	86	84	81	79	76	74
	90	84	82	80	77	75	73	71	68	66
	80	75	73	71	69	67	65	63	61	59
	70	66	64	62	60	59	57	55	53	52
	60	56	55	53	52	50	49	47	46	44
	50	47	46	44	43	42	40	39	38	37
	40	37	36	35	34	33	32	31	30	29
	30	28	27	27	26	25	24	24	23	22

足球力量训练

做功与间歇

进行一项练习的时间是完成预先设定重复次数所花费的时间，范围可以在1~30秒不等。组间的间歇时长，主要取决于练习的负荷。通常随着负荷的增加,休息的时间也应该延长。因此，如果进行15~20RM的训练，组间的间歇时段就短，可以安排1分钟。相反当进行2~4RM的做功时，休息时间延长至4分钟。

重复次数

练习的重复次数取决于负荷量和训练的组数。例如，一名球员可能进行了6RM负荷，6次重复为一组的4组卧推练习（重复24次）。然而，并不是每一项练习都需要使肌肉做到力竭，例如，一名球员以8RM的负荷做了6组训练，每组重复五次（重复30次）。

基础肌肉力量训练方法

以下是一些足球球员经常运用的发展基础力量训练的练习方式。

练习6-1　下蹲（向心收缩和离心收缩）。练习涉及的肌群包括：股四头肌、腘绳肌和臀肌。球员双脚平行站立，脚尖向前，两脚比臀部稍宽。杠铃负于肩背上。然后，球员缓慢下蹲至膝关节弯曲呈90°，随后双腿蹬伸回直立姿态。

6. 基础肌肉力量训练

练习6-2 深蹲（向心收缩和离心收缩）。练习涉及的肌群包括：股四头肌、腘绳肌和臀肌。动作与练习6-1相同，但是膝关节弯曲小于90°。在爆发力下蹲训练中负荷低，但球员必须尽可能快地挺起身体。

练习6-3 腿部推举（向心收缩和离心收缩）。练习涉及的肌群包括：股四头肌、腘绳肌和臀肌。准备动作，球员将双脚平行放置于推板上。然后双脚推动推板，双腿伸膝（注意双脚平衡用力）直到充分伸展；返回时整个动作要保持平缓。股四头肌、腘绳肌和臀肌，可以通过脚摆放的高低或宽窄实现更有选择性的训练目标。如果脚处于推板上的高位，臀肌和腘绳肌则成为主要的训练目标；如果脚位于推板的位置低，股四头肌则为主要参与训练；脚位于推板的中间区域则所有的3个肌群都参与到训练中。

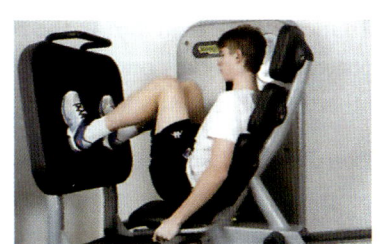

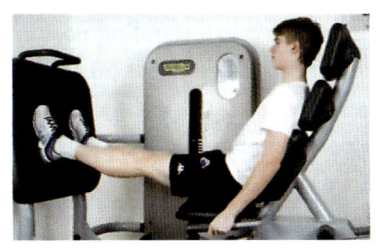

练习6-4 腿部弯举（向心收缩和离心收缩）。练习主要涉及腘绳肌。练习开始时，护垫放置在球员的足跟和小腿肌肉上，然后球员尽可能向臀部勾起护垫。当运动的双腿缓慢地返回到起止位置时，腘绳肌做离心收缩。

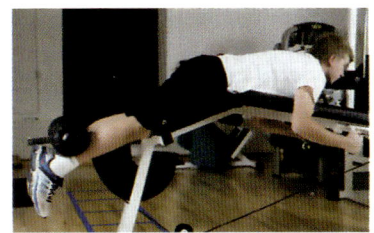

练习6-5 膝关节伸展（向心收缩和离心收缩）。练习涉及的肌群包括：股四头肌。准备动作，球员将护垫置于脚部上方，膝关节呈90°。然后伸展双腿膝关节呈180°左右。运动腿返回到起始位置时，股四头肌做离心收缩。在离心收缩阶段中增加负荷，只有一条腿的肌肉收缩，而另一条腿只起到辅助作用。

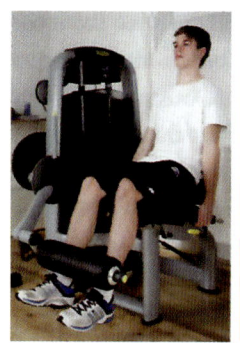 

练习6-6 跨步练习（向心收缩和离心收缩）。练习涉及的肌群包括：臀肌（主要）、股四头肌和腘绳肌。球员由站立姿态开始，然后向前迈步约60厘米，同时前腿屈膝约90°。膝关节弯曲的角度不能超过脚尖，返回动作应成直线，然后将身体恢复至起始姿态。两腿交替完成动作。跨步同样可以结合哑铃或杠铃进行。

基础力量训练的其他方法请参见第13章。

基础肌肉力量训练计划设计

当为球员制订一个基础肌肉力量训练的计划时，首先要考虑其年龄、训练背景、训练年限、可用时间以及装备等因素。

球员的年龄。在确定训练量、负荷强度和练习类型的时候，必须考虑球员的年龄。12岁以下的少年球员不应该进行基础肌肉力量训练，12～15岁的青少年球员只能进行基础力量训练并以低负荷进行，但练习的重复次数要多（如10~20次）。利用自身重量或使用功能力量器械进行训练。年长些的

6. 基础肌肉力量训练

青年球员（16～19岁）应该逐步开始进行更高负荷强度的训练，以及安排更大的训练量，还可以进行负重练习。不建议对青少年球员使用高负荷训练（1～4RM）。成年球员可以根据常规的推荐进行训练。一些球员可能存在膝关节或是背部的问题，应避免进行自由力量的基础肌肉力量训练，而以器械、橡胶带或者依靠自重替代进行训练。

球员的训练背景。当进行下蹲训练时，有些球员未有此项基础力量训练的经历，训练时经常出现紧张。因此，重要的是考虑到球员的经历，依据个体需求制订并调整训练计划。一名有经验的球员较没有相关经验的球员可以直接以较高的负荷量，更少的重复次数开始进行基础力量训练。

时间周期。在一段短时间内（10～15周），没有训练经验或训练经验少的球员，可以在肌肉力量和体积方面通过基础肌肉力量训练得到显著提升。除了力量的增长之外，球员同样需要发展和保持其他方面的身体素质，这样就使得进行基础力量训练的时间有限。因此，对于每位球员制订一个长期的发展计划是非常重要的。球员通常更适合逐步增长他们的力量素质，而不像其他一些项目的，如举重运动员主要依靠肌肉力量来决定其竞技表现（参见第12章）。

可用时间。基础肌肉力量训练应该有计划地安排时间，首先要考虑比赛所花费的时间。如果一周进行两次训练，其中一节训练课不要全部进行基础肌肉力量训练。一般来说，如有可用训练时间，应该把更多的时间花在基础力量训练上（参见第12章）。

赛季时间。球员基础肌肉力量训练的次数在全年中应该给予多样的考虑。在赛季后或是在赛季前的早期阶段，力量训练可以占据大部分的训练时间；然而，在赛季前阶段的最后部分以及赛季过程中，用在基础力量训练的时间则应该被减少（参见第12章）。

装备。大多数基础肌肉力量训练取决于所采用的力量训练装备。因此，需要谨慎计划如何结合可用的装备实施练习，以避免全队训练时出现浪费时间的情况。通常应将球队分成不同的小组，3～5人一组循环在不同的练习站进行训练。采用更多的器械及设置更多的练习项目会减少这种问题的发生。

练习顺序。练习可以在任意的顺序下进行，但是需要遵循一些简单的原则：

- 先进行大肌群训练，再练习小肌群。
- 先进行多关节参与的练习，再进行单一关节参与的练习。

- 上体、下体交替进行练习。
- 先锻炼薄弱环节，再进行强势环节的练习。

训练组织。当与超过20名队员的球队在一起训练时，更好的方式是将他们分成2~3人的小组完成训练，在进行下一个练习前都能完成相应的训练。这种组织形式主要有以下几个目的：装备可以更充分地利用；球员可以互相帮助，或者一名球员进行训练，而另一名球员休息，但每组训练需要确定间隔时间；如果分组球员的力量水平相当，就会省去调整负荷强度的时间。有特殊需要的球员或有伤病的球员可以在一起进行训练或是单独进行训练，与球队的整体训练时间分开。重要的是对球员的训练要进行监控，确保在整个训练过程中练习的执行要能够控制，使每名球员既获得理想的训练效果，又不要出现损伤。

基础肌肉力量训练阶段划分

一个基础肌肉力量训练计划可以分为三个阶段：基础、建立和最大化阶段练习。

第一个阶段—基础练习—训练目的在于为进行高负荷的力量训练做好肌群和肌腱的准备，同时使各种练习中所进行的运动神经肌肉系统得以适应。肌肉肥大将会适度地增加，但并非所有人都会增长，基础阶段的练习是进行跨步、屈腿、膝关节伸展和腿部推举，结合自身体重进行多种上体练习。

第二个阶段—建立练习—训练目的为增强和改变肌腱及肌肉的结构，进一步刺激和更好地发展神经肌肉系统。肌肉肥大将会出现且成为重点建立的方面。练习重复次数为6~15RM进行6~15次，通常做3组。训练可以由负重和器械训练混合的形式进行。典型的建立阶段训练包括下蹲、跨步、屈腿、膝关节伸展、腿部推举，罗马尼亚硬拉和保加利亚分腿蹲。此外，不同的上体训练可以利用自由负重、器械或自重在10~15RM进行2~4组的练习。

第三个阶段——最大化阶段练习——训练目的为肌肉力量的增长和发力速率的提升。肌肉肥大可能会出现但不是必要的。最大化阶段只有在球员经历了基础和建立两个阶段的训练后才能够进行。练习重复次数1~6RM进行1~4次，做2~4组的练习，组间恢复时间较长（几分钟）。应着重于在每次推举中获得最大限度的努力。在最大化阶段，更多地运用负重练习。最大化训练只是作用于球员的腿部肌群，不包括上肢，当然守门员除外。典型的练习形式是深蹲、抓举、硬拉和举重。

如何在不同阶段进行训练

基础训练主要适用于青少年或没有基础力量训练习惯的成年球员。基础阶段的练习也可以作为"建立"阶段（第二个阶段）的补充。基础阶段的练习可同样作为建立阶段练习的一种辅助。对于成年球员，建立阶段的练习更为适合，结合不同负荷、练习、组数和重复次数来进行，同样要考虑到赛季的时间安排以及进行基础力量训练的可用时间。最大化阶段的训练应谨慎进行，只能作为有训练经验的或有特殊需求的球员进行训练（如守门员）。大多数的球员应保持建立阶段的训练，偶尔安排最大化阶段的训练课时。

基础肌肉力量训练计划示例

表6-5展示了一名球员为提升肌肉体积和力量进行为期16周的基础肌肉力量训练计划的例子。

训练的目标，以其他类型训练最小化的形式提高肌肉体积和力量。每节训练课时间至少在70~90分钟，包括热身活动。在整个练习周期中练习负荷逐步增加。所有的练习都以组和重复次数的形式呈现，例如，12次重复进行3组（12RM）。专项练习，每周总次数呈现在练习重复次数的括号中。上体的不同练习，可以由其他训练目的相同的练习进行替换。核心区和稳定性训练（腹部和腰部）同样应该进行。

表6-5 在建立阶段一名球员基础肌肉力量训练的16周计划

周	1	2	3	4	5	6	7	8	9	10	11	12	13	14	15	16
一周训练课	2	3	3	3	3	3	3	4	4	3	4	4	3	3	3	3
下肢训练																
下蹲	3×12(2)	4×12(2)	4×12(2)	4×12(2)	4×12(2)	4×10(2)	4×10(2)	4×8(2)	4×8(2)	3×6(2)	4×8(2)	4×8(2)	4×6(2)	4×6(2)	4×6(2)	3×6(2)
深蹲	3×12(2)	4×12(2)	4×12(2)	4×12(2)	4×12(2)											
保加利亚分腿蹲	3×10(2)	4×10(2)	4×10(2)	4×10(2)	4×10(2)	4×8(2)	4×8(2)	4×8(1)	4×8(1)	3×6(1)	4×8(1)	4×8(1)	4×6(1)	4×6(1)	4×6(1)	3×6(1)
跨步	3×10(2)	4×10(2)	4×10(2)	4×10(2)	4×10(2)	4×8(2)	4×8(2)	4×8(1)	4×8(1)	3×6(1)	4×8(1)	4×8(1)	4×6(1)	4×6(1)	4×6(1)	3×6(1)
罗马尼亚硬拉						3×10(1)	3×10(2)	4×8(1)	4×8(1)	3×6(1)	4×8(1)	4×8(1)	4×6(1)	4×6(1)	4×6(1)	3×6(1)
腿部推举						3×10(2)	3×10(1)	4×8(1)	4×8(1)	3×6(1)	4×8(1)	4×8(1)	4×6(1)	4×6(1)	4×6(1)	3×6(1)
膝关节伸展						3×10(2)	3×10(2)	4×8(1)	4×8(1)	3×6(1)	4×8(1)	4×8(1)	4×6(1)	4×6(1)	4×6(1)	3×6(1)
腘绳肌屈曲	3×12(2)	4×12(2)	4×12(2)	4×12(2)	4×12(2)	4×8(2)	4×8(1)	4×8(1)	4×8(1)	3×6(1)	4×8(1)	4×8(1)	4×6(1)	4×6(1)	4×6(1)	3×6(1)
腘绳肌屈曲（离心）						2×4(2)	2×4(2)	2×4(1)	2×4(1)	2×6(1)	2×6(1)	2×6(1)	3×4(1)	3×4(1)	3×4(1)	2×4(1)
上肢训练																
卧推	2×12(1)	2×12(2)	2×12(1)	2×12(2)	2×12(2)	2×10(2)	2×10(1)	2×8(1)	2×8(1)	2×8(1)	2×8(1)	2×8(1)	2×8(1)	2×8(1)	2×8(1)	2×8(1)
哑铃弯举	2×12(1)	2×12(1)	2×12(2)	2×12(1)	2×12(2)	2×10(2)	2×10(1)	2×8(1)	2×8(1)	2×8(1)	2×8(1)	2×8(1)	2×8(1)	2×8(1)	2×8(1)	2×8(1)
下推	2×12(1)	2×12(2)	2×12(1)	2×12(2)	2×12(2)	2×10(2)	2×10(1)	2×8(1)	2×8(1)	2×8(1)	2×8(1)	2×8(1)	2×8(1)	2×8(1)	2×8(1)	2×8(1)
颈前卧推	2×12(1)	2×12(1)	2×12(2)	2×12(1)	2×12(2)	2×10(2)	2×10(1)	2×8(1)	2×8(1)	2×8(1)	2×8(1)	2×8(1)	2×8(1)	2×8(1)	2×8(1)	2×8(1)
杠铃上提	2×12(2)	2×12(2)	2×12(1)	2×12(2)	2×12(2)	2×10(2)	2×10(1)	2×8(1)	2×8(1)	2×8(1)	2×8(1)	2×8(1)	2×8(1)	2×8(1)	2×8(1)	2×8(1)
仰卧哑铃上拉	2×12(1)	2×12(1)	2×12(2)	2×12(1)	2×12(2)	2×10(2)	2×10(1)	2×8(1)	2×8(1)	2×8(1)	2×8(1)	2×8(1)	2×8(2)	2×8(1)	2×8(1)	2×8(1)

6. 基础肌肉力量训练

总结

基础肌肉力量训练可以提高肌肉力量、肌肉体积和发力速率。基础力量训练可以分为三个不同的阶段：依据肌肉所承载的负荷量及每组练习的重复次数，可以分为基础阶段、建立阶段和最大化阶段。训练可以综合使用不同的负荷，如自由重量、组合器械、特定的装备或自身重量。基础力量训练时，根据训练原则，教练员要安排特定的组数和次数。练习的负荷以1RM百分比来选择（1RM是指一次所能举起的最大重量）。

复习题

1. 足球球员应该进行什么类型的基础肌肉力量训练？
2. 在一个练习中球员进行6RM的训练负荷是多少？什么情况下1RM为120公斤？
3. 基础阶段和建立阶段的区别是什么？
4. 带领青少年进行训练时，应该进行何种类型的基础肌肉力量训练？

学习任务

1. 列举自由力量训练与器械力量训练的三个不同点。
2. 球员的哪一块肌肉应该作为基础肌肉力量训练的目标？对于不同的肌群如何选择不同类型的力量训练？
3. 为一名每周进行两次训练的球员制订一个基础肌肉力量训练计划。选择练习方式并确定重复次数和练习组数。

参考文献及推荐阅读

Clark DR et al. Muscle activation in the loaded free barbell squat: a brief review. Journal of Strength and Conditioning Research 26: 1169-1178, 2012.

Cormine P et al. Developing maximal neuromuscular power: Part 1 – biological basis of maximal power production. Sports Medicine 41: 17-38, 2011.

Cormine P et al. Developing maximal neuromuscular power: Part 2 – training considerations for improving maximal power production. Sports Medicine 41: 125-146, 2011.

Delavier F. *Strength training anatomy*. Champaign IL, USA: Human Kinetics, 2010.

Fleck SJ & Kraemer WJ. *Designing resistance training programs*. Champaign IL, USA: Human Kinetics, 2004.

McGuigan MR et al. Strength training for athletes: does it really help sports performance? International Journal of Sports Physiology and Performance 7: 2-5, 2012.

Zatsiorsky VM. *Science and practice of strength training*. Champaign IL, USA: Human Kinetics, 1995.

7. 力量转化训练

力量转化训练的目的是优化运动中基础肌肉力量在比赛中的应用。因此，力量转化训练主要是把在基础肌肉力量训练中所获得的基础肌肉力量转化为爆发性动作。训练使得冲刺跑的加速能力提升，具有更快的跑动速度，更好的跳跃能力，减少跑跳时的触地时间，改善制动能力且使得变换跑动变向速度提升。

力量转化训练的类型

力量转化训练以一种特定的形式完成肌肉收缩，训练结合很小或是没有额外重量的情况下完成最大或次最大速度的收缩。大多数力量转化训练由单腿或双腿的跑或跳构成。在进行跑动练习时，会给练习者增加一些外在的负荷。跳跃练习则可以在有或没有额外负荷的情况下来完成。超等长训练是一种离心肌肉收缩紧随着向心肌肉收缩的运动，是力量转化训练的核心构成。训练可以在场地或者健身房中完成。很多力量转化训练都需要一些装备，如标志盘、栏架、木箱及一些额外负重（如沙衣和踝带），或者一些其他能够创造额外负重的设备（如降落伞和滑车）。

如何进行力量转化训练

正如上文所述，在力量转化训练中的运动应该以最大或次最大的做功完成。因此，需要考虑这些训练对于肌肉、关节和肌腱的要求，需要进行长时间的训练而且要注重技术动作的纠正。一堂训练课的时间不应过长（最多30分钟），因为训练的负荷很大。

当力量转化训练以跑动的方式进行训练时，可以通过小降落伞、滑车或橡胶带（通常更多采用阻力带）来增加一些额外的负荷。负荷同样还可以通过短距离的跑坡得以实施。有一种特定的形式就是利用弹力带进行"超速"跑，即弹力带在训练者起动前由两名辅助人员拉着；利用弹力带进行训练的能量可以使球员达到比正常冲刺跑状态下更高的最大跑动速度。还有一种训练的变化就是下坡跑。斜坡的角度要适中，因为斜坡角度过大将缩短球员的步长。这种跑步训练需要以次最大负荷开始，因为比较难掌握且出现损伤的风险较高。

当力量转化训练以跳跃的方式进行时，大多数练习可以定性为超等长训练，这种训练由离心收缩环节紧跟着一个向心收缩环节构成，也就是所谓的牵张反射循环。练习形式包括单次跳、多次跳、跳上或跳下跳箱、跳栏架等，可以利用跳箱和栏架进行单腿跳，额外的负重可以由沙衣、踝带或杠铃的形式进行增加。增加重量时应该意识到，这样就增加了落地的冲击力，因此会给肌肉和肌腱带来额外的张力。

训练与间歇

训练的周期应短暂。练习应以单一运动或重复运动进行，每次只有几秒钟的时间。重复间歇时间长度依据练习决定，但应该是练习时间的10～20倍。

训练课中的重复次数

每个练习的重复次数结合不同练习要求会有很大的不同。低跳练习以6～10次跳跃为一组，进行3～4次。在高跳箱上的超等长跳跃或是高栏跳，跳跃的总数量应该少于20次。如果增加负重练习，次数要减少。当进行负重跑步或是上坡和下坡跑时，重复次数只能是3～6次。重复次数同样取决于球员对于力量转化训练的经验：训练经验越多，重复次数就越多。当设计一堂力量转化训练课时，以最大做功强度进行练习的周期不应超过20分钟。

7. 力量转化训练

热身

重要的是进行恰当的热身活动，更好地进入到力量转化训练中。因为，训练动作需要以最大或接近最大的做功速率完成。热身活动时，练习过程的组成部分（约10分钟）以增加肌肉的温度（如跑步或是其他运动），随后的练习过程包括小跳、跳跃或者一些步伐训练。整体时间约20分钟，确保球员的肌肉、肌腱为进行力量转化训练时的最大做功做好准备。

力量转化训练的方法

在这部分中将展示力量转化训练计划所涉及的一些练习，主要是跳跃和跑的练习。

练习7-1 跳栏。将4～8个栏架以1米间隔距离排列。球员从栏前双腿跳跃过栏架。球员跳跃时，触地的时间应尽可能缩短。栏架应该设置在一个对球员有挑战的高度上。当球员对练习更加熟练时，栏架间的距离应该进行变化，或者每次重复练习时都进行调整。

练习7-2 跳深练习。球员从跳箱上进行跳深，然后连续跳过摆放于跳箱前面的一到两个栏架。初始练习时，球员从低跳箱跳下（20厘米），且继续跳过低栏架。几节课后，跳箱的高度对于成年球员可以升高至40～50厘米。超过60厘米高度的栏架只能用于具备丰富训练经验的球员。栏架的高度同样应该随着球员能力的提升而增加。

练习7-3 标志桶跳跃。标志桶（20~40厘米高）摆放间隔50~70厘米。球员单腿跳过标志桶。球员应尽可能高起跳，每次跳跃时，尝试用跳跃腿的脚跟触碰相应一侧的臀部。每组练习球员左、右腿交替进行练习。

练习7-4 杠铃跳。标志桶（20~40厘米高）间隔50~70厘米摆放一行。球员肩负杠铃双脚跳过标志桶（图7-1）。杠铃重量不能超过10公斤。这个练习主要针对那些经过几个赛季进行过力量转化训练的成年球员。

图7-1

练习7-5 负重起动练习。一条长橡胶带一端由两名球员拉住或是系在墙上，另一端绑在球员的臀部（图7-2）球员开始进行最大限度的起动练习。随着加速练习的进展，施加给球员的负荷也要逐步增加。

7. 力量转化训练

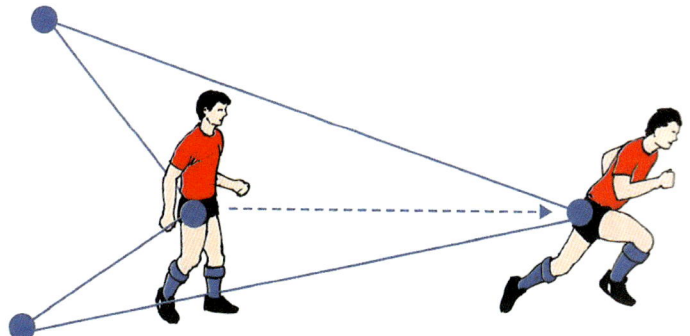

图7-2

练习7-6 上坡跑。以最大速度进行上坡冲刺。斜坡的角度为3%～8%，向上跑动的距离为30米（图7-3）。

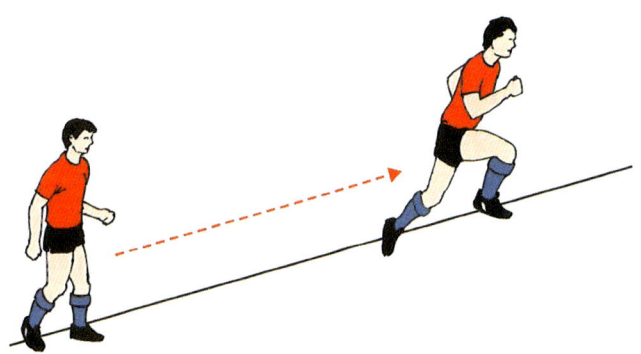

图7-3

练习7-7 跳箱练习。球员位于跳箱前（20～60厘米高），膝关节弯曲呈90°跃上跳箱。然后，球员以直立姿态从跳箱上跃下，重复进行跳跃练习。

练习7-8 连续跳箱练习。球员站在中等高度的跳箱上（20～60厘米），跳下并随后起跳至更高的跳箱上（30～80厘米）。着陆跳箱上时膝关节呈90°。然后，球员以直立姿态从跳箱上跃下，重复进行跳跃练习。触地时间应尽可能短暂。

力量转化训练计划设计

当制订一个力量转化训练计划时，应该考虑以下一些因素。

球员的年龄。当确定练习的类型、负荷量及训练强度时，应该考虑到球员的年龄因素。高级的力量转化训练包括从高跳箱上跳下，对于离心收缩的力量要求高，以及跳跃过程中体重的承载等因素也有要求，因此不适宜青少年球员（青春期前期）。然而，需求较低的练习如一个轻型滑车的拖拽，利用橡胶带完成的起动练习或者上坡跑练习，则任何年龄的球员都适合进行练习。同样，低栏架跳跃和单腿跳标志桶也适用于所有年龄的球员。通常，年轻球员不要附加额外负重进行力量转化训练，训练量也要少于年长的青年球员和成年球员。

球员的训练背景。在球队中，总有些球员在力量转化训练上缺乏经验。对于这类球员和青少年球员，重要的是放缓过程，逐步习惯于这样的练习，并具备良好的动作技术。

训练进度的掌握。力量转化训练并不会导致任何肌肉出现肥大的情况，结缔组织和肌腱的张力要高于肌肉。源于这个原因，无论对于初学者还是球员，只要没有进行过长期（数月）的力量转化训练，那么在力量转化训练的数量上都要逐步的增加。当年长的青年球员或是成年球员对力量转化训练更加熟悉，则他们可以在单节训练课中，或整个周训练课中相应地进行更高的重复次数。

7. 力量转化训练

然而重要的是，要记住一些力量转化训练的需求很高（如超等长跳箱运动或者高栏架跳跃运动），反过来，低栏架跳跃运动或短距离冲刺跑练习的需求相对较低。因此，当设计一个训练计划时，高需求与低需求练习的总量应该进行计算。例如，如果训练计划中包括从高跳箱上进行的跳深练习或是高栏跳跃练习，那么每节训练课应进行不超过30次跳跃。

可用时间。 力量转化训练并不是很费时间，通常占用一节训练课的20~30分钟时间。这种训练可以用来与其他训练结合起来共同完成训练课的组织，如战术训练。

赛季时间。 力量转化训练的训练量在全年中变化较大。在赛季结束后的时段及赛季开始前的早期，力量转化训练不应占用太多的训练课时间（参见第12章）。在准备期的第一周后，应逐步增加转化训练，并在赛季来临前的2~3周达到最大化。随后用在这种训练上的时间逐渐减少，但在整个赛季期间都应该保持练习（参见第12章）。

装备器材。 力量转化训练可以在没有任何装备器材的情况下进行，但很多的练习需要一些装备（如跳箱、栏架、沙衣）。

组织形式。 针对个体球员或分小组进行的训练，应谨慎指导每名球员，确保练习时间与间歇时间适当的比率。此外，如果在练习中使用了一些器材，如沙衣、踝带和降落伞，那么球员以小组形式进行训练，这会节省所需器材及缩短练习等待时间。

力量转化训练计划

下面展示的是一个由跳跃和跑动组成的用时10~15分钟的力量转化训练例子。

跳跃训练计划

栏架跳跃： 排列6个30~50厘米高的栏架。球员以大约1分钟的间歇跳跃过6个栏架。每次重复后变换栏架间的距离。

跳深练习： 在跳箱前（20~40厘米高）放置两个30~60厘米高的栏架。球员从跳箱上跳下后越过栏架8次，每次有45秒的间歇时间。第二次重复后调整栏架间的距离。

跑动训练计划

跑坡练习：球员在5%的坡度上以最大速度进行30米的跑坡。间歇2分钟，共重复进行5次跑动。

总结

通过进行力量转化训练，可以将基础肌肉力量训练所获得的肌肉力量，肌肉体积的增长以及发力速率转化到爆发性的运动中。这种训练使得与足球运动相关联的动作，如冲刺跑时的加速、更高速的跑动、跑和跳时更短的触地时间、跳跃的高度和变向时的快速制动方面都得以提升。

力量转化训练包括跳跃和跑动练习。在一个赛季期间，进行一些力量转化训练是很有必要的。在间歇期或准备期的早期不应进行或只安排少量的力量转化训练；但在准备期的中后期，则应该进行更多这样的训练。

复习题

1. 在一堂训练课中什么时候应进行力量转化训练？
2. 力量转化训练课的持续时间应该是多少？
3. 当进行跳深练习时，跳箱的最大高度是多少？
4. 青少年球员不应进行什么类型的力量转化训练？

学习任务

1. 设计一个赛季中为期4周的力量转化训练计划。
2. 在进行跳栏和跳深运动前应给予球员哪些指导。

参考文献及推荐阅读

Bishop D et al. Repeated-sprint ability - Part II: Recommendations for training. Sports Medicine 41: 741-756, 2011.

Chelly MS et al. Effects of in-season short-term plyometric training program on leg power, jump- and sprint performance of soccer players. Journal of Strength and Conditioning Research 24: 2670-2676, 2010.

Cronin J & Sleivert C. Challenges in understanding the influence of maximal power training on improving athletic performance. Sports Medicine 35: 213-234, 2005.

Kotzamanidis C et al. The effect of a combined high-intensity strength and speed training program on the running and jumping ability of soccer players. Journal of Strength & Conditioning Research 19: 369-75, 2005.

Young WB. Transfer of strength and power training to sports performance. International Journal of Sports Physiology and Performance 1: 74-83, 2006.

Zatsiorsky, WM. *Science and Practice of Strength Training*. Champaign IL, USA: Human Kinetics, 1995.

8. 足球专项力量训练

足球力量训练的目的在于提升球员在比赛情境下的力量水平。通过足球力量训练，可以使基础肌肉力量训练和力量转化训练所获得的肌肉力量能运用于足球专项运动中，如加速、减速、变换方向、踢球和跳跃。对已经接受过训练的球员，训练并不会引起肌肉力量的增长与体积的增大。

足球力量训练的类型

足球力量训练是不结合额外负重而进行的一种足球专项训练，例如，在没有减速或方向改变的情况下进行快速起动跑。重点是尽可能快速移动脚步，有时增加或减少步长。足球力量训练最好是在场地上结合足球运动的形式进行，但也可以在健身房中进行，场地要能够完成最大加速，制动和变换方向，确保不增加摔倒或是损伤的风险。

如何进行足球力量训练

训练以足球专项运动的形式及最大做功完成且没有额外的负重。运动应该尽可能地贴近比赛的实际情况。在球员进行了基础力量训练、力量转化训练后，就需要进行足球力量训练，从而将获得的能力在足球场上呈现出来。足球力量训练可以在有球或无球状态下进行。它可以是简单的练习方式，例如，球员在两个标志盘间的冲刺或者是几名球员以比赛的实际情景进行专项运动方式的训练。动作需要以最大的做功来完成，每次重复间要有足够的恢复时间以保障训练的质量。此外，训练课应该简短（10~15分钟），应该在球员感觉疲劳前或是结合热身活动尽早完成。因此，足球力量训练应该植入到一节训练课的安排中，同时还包括其他类型的身体训练或技战术练习，要尽早合并到一节训练课的安排中。

训练与间歇

训练的时间要短。练习可以用单一动作或是重复性动作完成，每个动作只有几秒钟的时间。重复次数的间歇取决于练习的形式，但应是练习时间的10倍。

训练课中的重复次数

训练课的重复次数因训练的需求和训练的类型而有所不同。然而，练习的重复次数应略低，对于专项练习通常为3~10次，每节课的重复总次数为10~20次。

热身

热身活动由跑步或练习构成（约10分钟），以此提升肌肉的温度。随后，练习（时间约5分钟）进行如跳跃或步伐训练为宜，接下来的5分钟时间可以进行足球专项力量训练，但并不是以最大的强度完成，球员应以90%~95%最大强度完成练习。

足球力量训练方法

在这个部分中，将介绍一系列的足球力量训练方法。所有的练习都要以最大强度完成。

练习8-1 标志物间起动。7~15个标志物，间隔30~70厘米放置（图8-1A），标志物间隔可以容纳一只脚的距离，使球员可以自然地穿梭其间。

图8-1A

练习变化，练习的最初几步，通过标志物的摆放缩小球员的步长（增加加速阶段的步频），练习的最后阶段增加几个标志物间的距离（增加步长，图8-1B）。

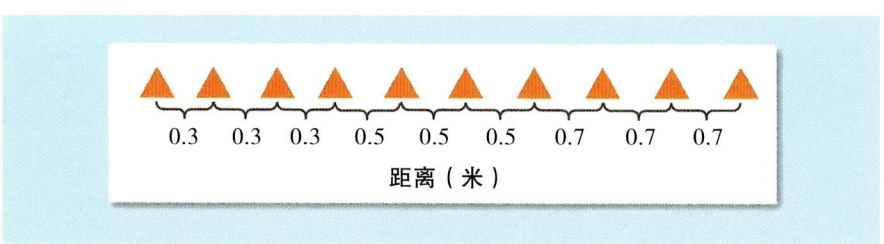

图8-1B

重复次数间的恢复时间应为30~45秒。在速度跑的尾声，从距离最后一个标志物10米的地方以传球或抛球的方式供球，球员以地面传球、空中传球或头顶球的方式回传给供球者。

练习8-2 变向冲刺跑。标志物摆放如图8-2所示，2名球员位于起始标志物后面5米处。信号发出，2名球员开始向对面冲刺，绕过第一个标志物，然后跑过第二个标志物，最后冲刺跑过标志物。为了保持竞赛的特征，起始位置根据2名球员加速能力的不同评估后，起点可以向后移动一些。重复练习，间歇时间约为45秒。

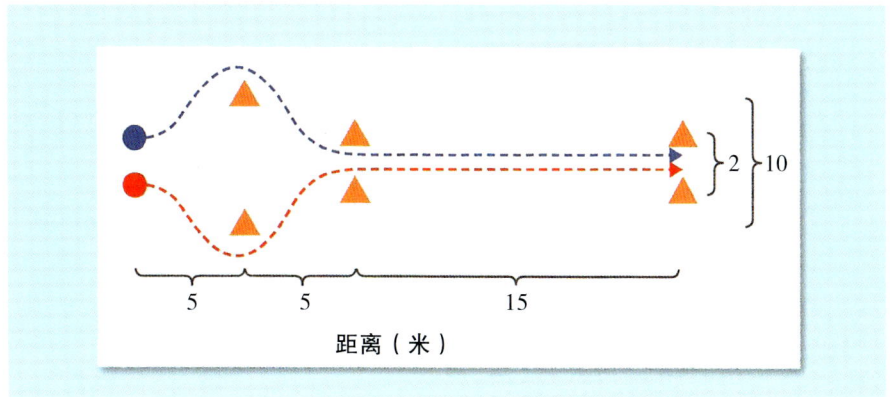

图8-2

练习8-3　侧向加速跑。放置4~7个标志物（橙色），3~8米间隔，放置2~5个标志物（黄色），50~70厘米间隔（图8-3），位于橙色标志物侧后方。球员从第一个橙色标志物起始并向下一个橙色标志物冲刺，进行快速制动后向后撤两小步至黄色标志物，然后再启动冲向下一个橙色标志物，如此循环。重复练习，间歇恢复时间（大于1分钟）。

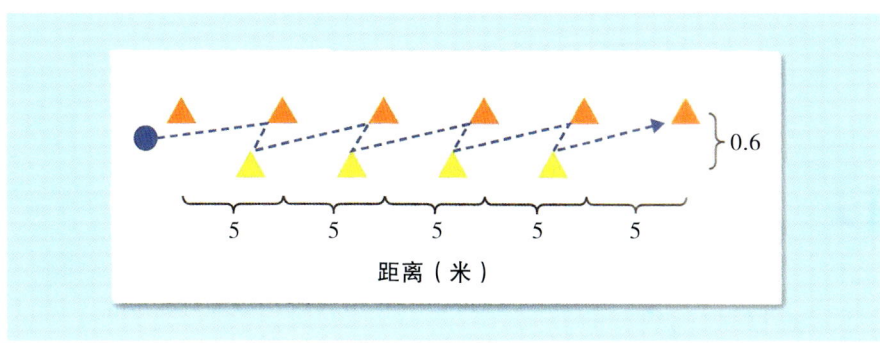

图8-3

练习8-4　加速减速练习。2个标志物放置间距约5米，每个标志物前5~10米放置一个约为1.5米高、0.5米宽的物体（图8-4）。一名球员位于标志物起始处，听到信号后开始冲刺，绕过物体后返回标志物起始处。球员间进行比赛。随着练习的进展，球员可以跑向反向的物体，可能出现交互。重复练习，间歇恢复时间约为1分钟。

63

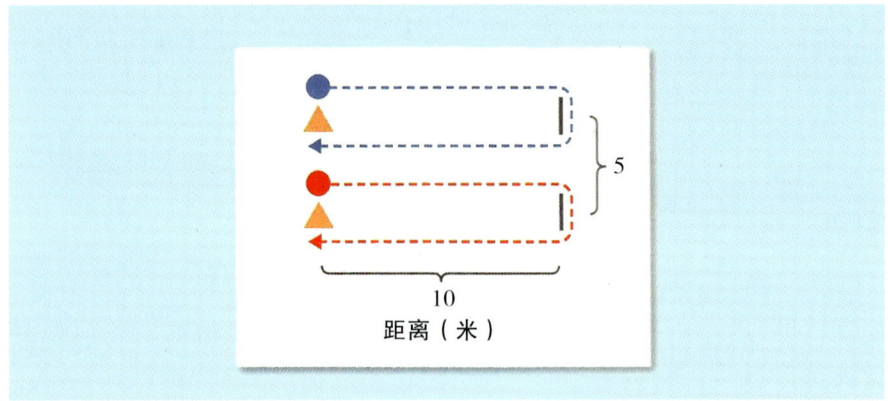

图8-4

练习8-5 加速—减速—射门。标志物和障碍物放置如图8-5所示（1.5米×0.5米），先将5~10个标志物排成一列，间隔50~70厘米。球员开始以快速脚步跑动通过标志物，向另一名球员所在位置改变方向跑动，接球然后回做球。接下来，球员跑动绕过2个障碍物后接其他球员的传球完成射门。重复练习，间歇时间（大于1分钟）。每节课重复练习次数不要多于8次。

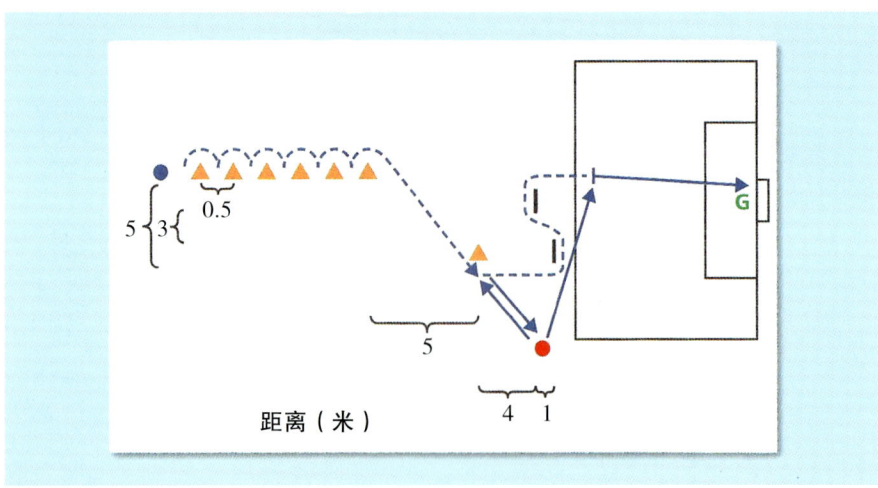

图8-5

练习8-6 头顶球练习。一名球员站在2个球门前,另一名球员(供球者)位于2个球门之间(图8-6),供球者向一个球门前抛球,球员在返回起点前跳起将球顶进球门。供球者在2个球门间快速交替抛4~6个球。头顶球和抛球者轮换练习。随着练习的进展,供球者向任意球门前抛球。

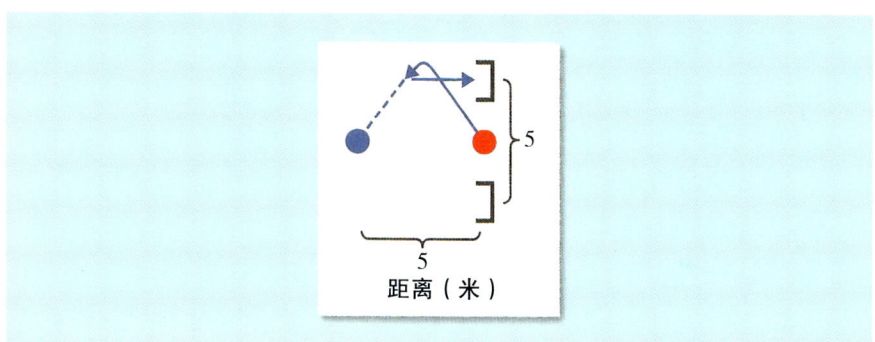

图8-6

练习8-7 射门练习。球员位于4个球门之间(一端2个),其他2名球员作为供球者位于两端球门后,每人持2个球(图8-7)。一名供球者传球给球员,一次触球转身后完成射门。球员迅速返回中间接另一名供球者的传球,转身完成射门。两边的供球者分别传球2次后,球员转换为供球者。另一种情况是射门球员在供球者发出球后直接完成射门。

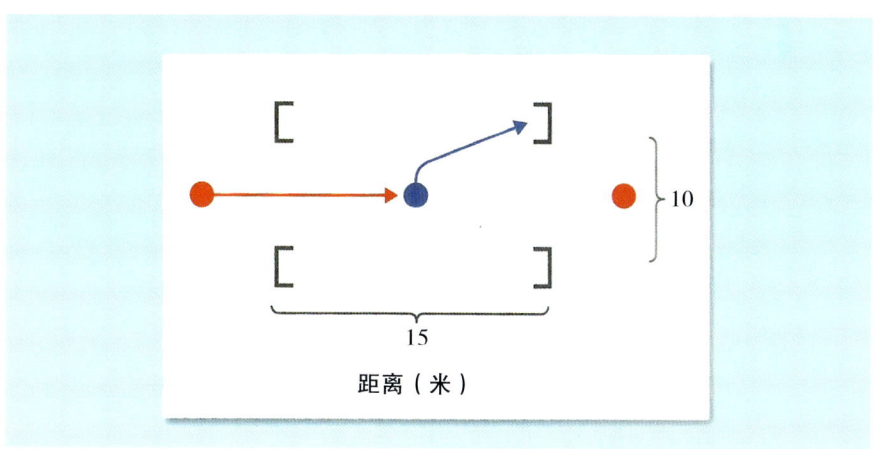

图8-7

练习8-8 运球—停止练习。标志物的摆放如图8-8所示。球员运球至第一个区域停球,无球跑动绕过标志物至下一个区域,然后运另外一个球至最后的区域并停球。停球后球员应处于各自所在的区域。重复练习,间歇时间约一分钟。

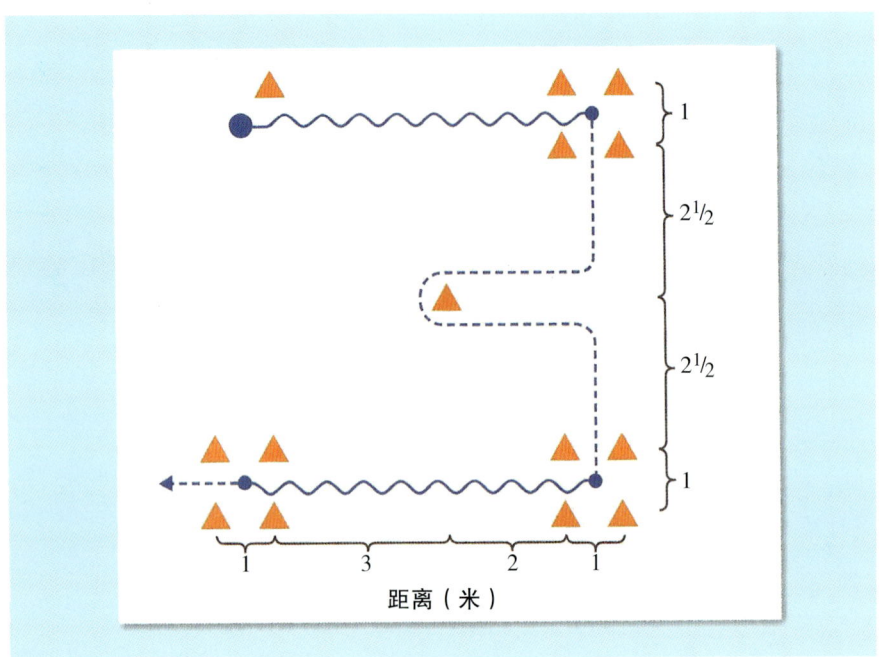

图8-8

足球力量训练计划设计

一堂训练课的足球力量训练计划,时间安排至少应该是10～15分钟。设计计划时应考虑到如下这些因素。

球员的年龄。足球力量训练可以应用于所有的年龄段。对于年龄较小的球员(6～10岁)应该进行比较简单的练习(如在2个标志物间的冲刺跑,参见练习8-4)。对于年龄大些的青少年球员,应进行更高要求的练习及更有竞争性的练习形式。

训练的背景。训练经历和年限在进行足球力量训练时并不是特别重要。不过对于年龄大于14岁的球员，足球力量训练如果在经历了基础力量训练和力量转化训练阶段后进行则更为有效。

训练进度的掌握。足球力量训练不会导致肌肉的肥大，主要的适应性改变发生于神经系统。随着训练的进展，球员将在练习动作与其他动作方面的技术能力上得以发展。足球力量训练将会使结缔组织和肌腱产生很高的张力，但是对于肌肉的影响较小。因此，这种训练存在着风险，特别是对于肌肉中的结缔组织，例如，腘绳肌的张力及肌肉与肌腱之间的张力。由于这个原因，对于年龄较大的青少年球员和成年球员，应在足球力量训练前先进行基础肌肉力量的训练准备。

可用时间。足球力量训练不耗费时间。训练可以全队同时进行且不应超过15分钟。如果练习复杂或结合球进行，通常更为便利的方式是进行个体练习或以小组形式完成训练。

赛季时间。足球力量训练在全年中会有不同训练量上的变化。在赛季结束后及赛季开始前的早期阶段（参见第12章），并不需要进行足球力量训练。在赛季开始前，应该随着临近赛季的开始而逐渐增加训练量。赛季中，足球力量训练应被作为常规训练项目进行练习（参见第12章）。

装备器材。大多数足球力量训练只需要某些训练装备和设施。

总结

足球力量训练是在没有额外负荷施加给肌肉的状态下完成最大做功强度和比赛相关的动作。足球力量训练应在足球场上穿足球鞋进行练习为宜。在这种训练形式中，将会把在基础力量训练和力量转化训练中获得的肌肉力量、体积的增大与发力速率的提升，转化运用于运动和比赛中。足球力量训练既可以结合球进行，也可以无球状态下进行练习。全年的训练量有不同变化，但在赛季期间应作为常规训练环节。

复习题

1. 力量转化训练和足球专项力量训练的最大不同是什么？
2. 足球力量训练应该在一堂课的什么时段安排练习？

学习任务

1. 设计一堂赛季中的足球力量训练课。
2. 设计一堂包括射门环节的足球力量训练课。

参考文献及推荐阅读

Faude O et al. Straight sprinting is the most frequent action in goal situations in professional football. Journal of Sports Sciences 30: 625-631, 2012.

Kotzamanidis C. The effect of a combined high-intensity strength and speed training program on the running and jumping ability of soccer players. Journal of Strength & Conditioning Research 19: 369-375, 2005.

Mujika I et al. In-season effect of short-term sprint and power training programs on elite junior soccer players. Journal of Strength & Conditioning Research 23: 281-287, 2009.

9. 肌肉耐力训练

球员的很多肌群都需要高水平的向心收缩和中等水平的等长收缩耐力能力。相反离心收缩耐力则并不是那么重要。任何形式的练习都能够帮助运动肌肉维持和提升耐力素质。这意味着通过规律的训练和比赛，球员可以发展高水平的肌肉耐力素质，尤其是腿部肌群。上体的肌群，也可以通过肌肉耐力训练提高耐力水平而获益，每个肌群重复进行同一个动作需要超过15秒。

目的

提升肌肉耐力：
- 提升肌肉维持训练的能力。
- 提升肌群在强度训练后肌肉恢复的能力。

肌肉因此可以在比赛中更为频繁地进行强度收缩。

肌肉耐力训练的类型

肌肉耐力训练分为等长收缩和向心收缩两种形式，进而又可分为肌肉速度和持久耐力训练。在肌肉速度耐力训练中，主要对肌肉进行无氧训练，练习在15~60秒高速完成。对于持久耐力训练，练习的速度较低；这主要是依靠有氧供给。这部分将着重于等长收缩和肌肉速度耐力训练，因为持久肌肉耐力在日常的训练中可以得到足够的训练。

在肌肉耐力训练过程中，主要是肌肉做功模式要与足球运动的运动状态相似，要考虑训练中练习方式的采用以及专注于动用肌群的提升。例如，向心收缩肌肉耐力训练并不会提高等长收缩肌肉耐力，反之亦然。在向心收缩和等长收缩耐力方面的大幅提升，可以在相对较短的时间内获得。然而，如果不持续进行耐力训练，这些提升将迅速消退。在准备期的训练周期中，所有级别的教练员都会运用循环训练计划或是相似的肌肉耐力训练形式。然而当赛季即将开始，这种形式的训练通常会停止，在耐力方面所获得的大部分提升也会有所流失，正如图9-1中所呈现的那样。该图展现了一名球员在强度循环周期前、中、后腹肌耐力训练的变化样本。图中显示，在为期4周的训练中，球员的肌肉耐力有了显著的提高，但是大部分耐力素质在停止此类训练3周后逐渐流失。图中还解释了肌肉耐力训练对于最大摄氧量没有产生影响。因此，循环训练的总体效果是有限的。所以与其在准备期训练周期中进行耗费时间的循环训练计划，不如引入并让球员系统地完成10分钟以下的足球专项肌肉耐力训练计划获益更多。训练计划应该由在室内及室外均能进行的练习构成，且训练计划要贯穿全年。

图9-1中展现了这种训练计划所产生的作用。最有效地进行肌肉耐力训练的时间，是在训练课尾声开始进行牵拉前进行。

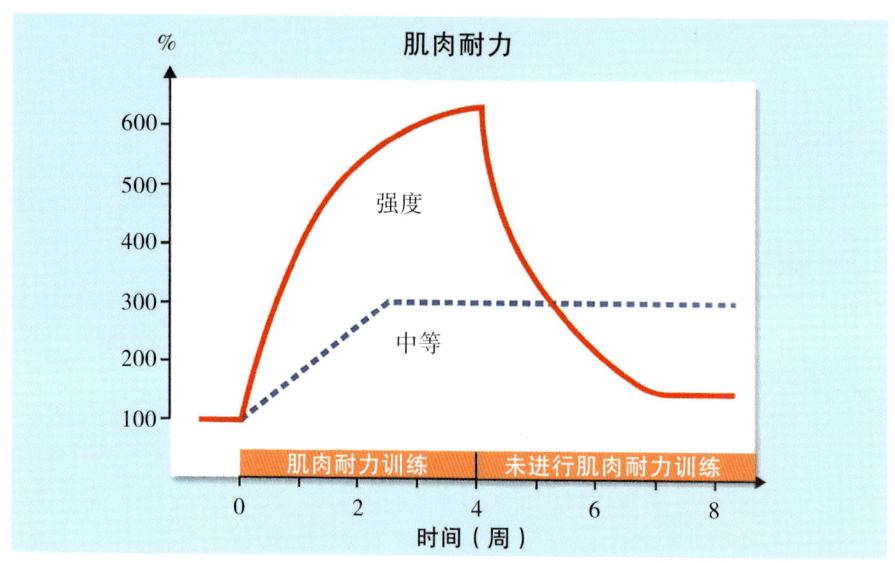

图9-1

肌肉耐力训练的效果。红色曲线表示肌群在为期4周的强度耐力训练中，以及停止训练后4周的肌肉耐力素质变化。蓝色曲线则表明在为期8周的短时间常规肌肉耐力训练周期中的肌肉耐力水平。注意当进行强度训练计划后，肌肉耐力增长明显，但是当停止训练后，耐力水平流失很快。6周后，耐力素质不如常规短时间耐力训练课所获得的耐力水平，而且后者所花费的训练时间更少。

9. 肌肉耐力训练

如何进行肌肉耐力训练

肌肉耐力训练通常进行15～60秒，以恒定的频率完成向心收缩运动或是固定关节角度（等长收缩）运动。练习应该在每个肌群重复2～4次，每次练习后有时间长度相同的间歇时间。

肌肉耐力训练方法

下面的练习包括适用于足球运动的等长收缩和向心收缩两方面的肌肉耐力训练。

练习9-1　正面腹肌练习（向心收缩）。球员背部着地，双腿抬离地面，膝关节弯曲。上体抬起向膝关节处靠拢。

练习9-2　背部肌肉练习（等长收缩）。球员腹部着地，手臂向前伸展并抬起上体。保持这个姿势，然后恢复至起始动作。

练习9-3　侧面腹肌练习（向心收缩）。球员背部着地，双腿抬离地面，膝关节弯曲。上体向左侧和右侧交替转动。

练习9-4 下背部肌肉练习（等长收缩）。球员腹部着地，双腿抬离地面，大腿不要触碰地面。手臂放置在头下地板上。保持这个姿态，然后恢复至起始动作。

练习9-5 正面腹肌练习（等长收缩）。球员背部着地，双腿弯曲，双脚放置于地板上。上体抬起，双手位于膝关节两侧。腰部要贴于地面并保持这个姿态，然后恢复至起始动作。

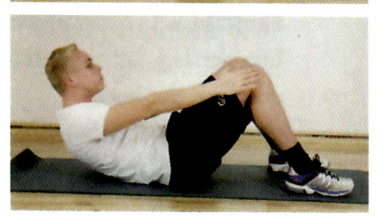

练习9-6 背部肌肉练习（向心收缩）。球员腹部着地，一条腿和异侧的手臂上下移动，然后恢复至起始动作。

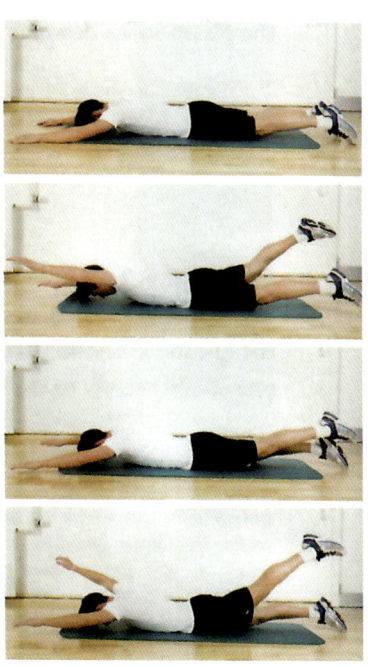

9. 肌肉耐力训练

总结

通过进行肌肉耐力训练，特定的肌群相对单纯进行足球运动来说可以达到更高的耐力水平。设计一个有效的肌肉耐力训练计划，需要考虑几个因素。最重要的是训练过程中所安排的动作要与足球运动中的动作类似。

复习题

1. 对于腹部肌群应该进行何种类型的肌肉耐力训练？对于手臂伸肌群（肱三头肌）应安排什么类型的肌肉耐力训练？

学习任务

1. 列举出哪一些肌群需要进行肌肉耐力训练。
2. 为中后卫设计一个肌肉耐力训练计划。

参考文献及推荐阅读

Bangsbo, J. *Fitness Training in Football — A Scientific Approach.* pp. 1-336. www.bangsbosport.com, 1994.

10. 损伤预防与康复训练

肌肉力量训练在损伤预防中扮演着重要角色。在比赛中最为常见的损伤是腘绳肌的拉伤。几项研究表明，进行腘绳肌的离心收缩训练可以降低这种损伤的发生及再次发生。

在一项研究中，对942名职业和业余球员进行为期11个月的追踪。这些参与研究的人员中，461名球员在10个月内进行了27节离心力量训练课，训练主要是进行了"北欧腘绳肌练习"（参见练习10-1）。剩余的481名球员没有进行额外训练。前一组球员出现腘绳肌拉伤的数量比未进行训练的对照组低了3倍。同样，重复出现此类损伤的球员数量低了9倍（图10-1）。

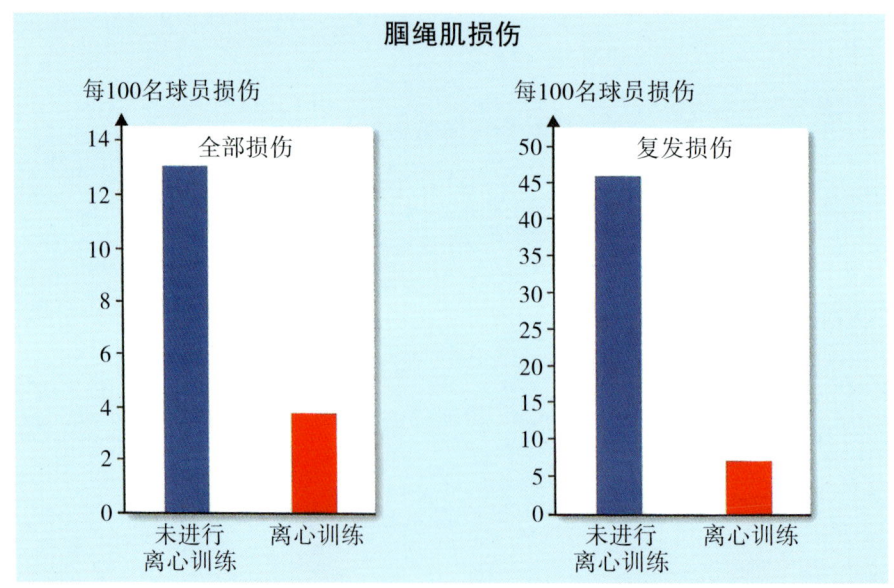

图10-1

离心收缩训练对于腘绳肌损伤和重复出现的影响。部分球员进行了为期10个月的"北欧腘绳肌训练（红柱）"有规律性的离心力量训练；反之，其他的球员（蓝柱）则没有进行针对腘绳肌的专门训练。注意，腘绳肌拉伤及再次拉伤的比率在离心训练组中明显降低。

在另外一项研究中,对30名瑞典职业球员进行了为期10个月的跟踪研究。一半球员在准备期的10周Yo Yo飞轮测力计上进行了16节离心收缩腘绳肌训练,而其他球员并没有进行离心收缩训练。当对球员在赛季中的表现进行跟踪时,经过离心基础力量训练的球员,腘绳肌损伤的比率比未进行训练的球员低1/3(图10-2)。

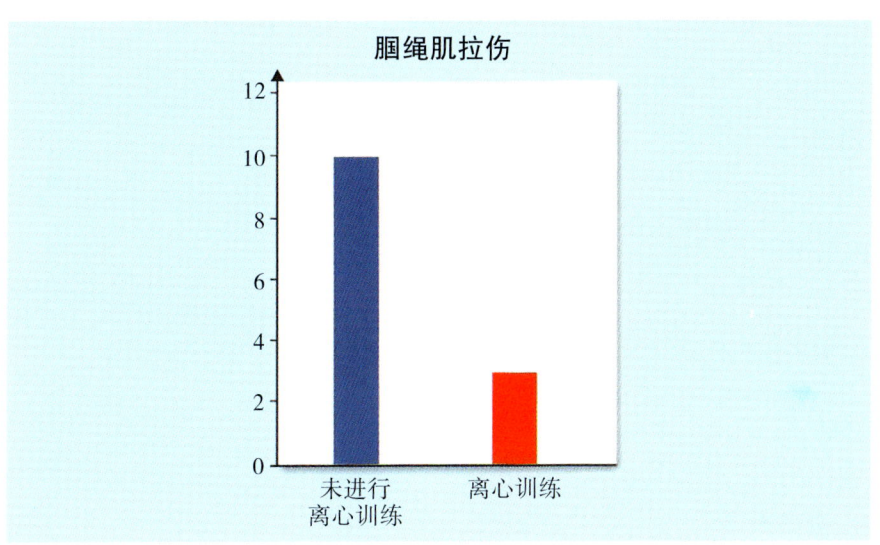

图10-2

赛季中大负荷离心力量训练对腘绳肌拉伤频率的影响。图中显示,某些没有进行离心训练的球员(蓝柱),以及其他在准备期Yo Yo飞轮测力计上进行10周离心腘绳肌训练的球员(红柱)的情况。注意,腘绳肌拉伤的数量在进行离心训练组中明显较低。

股四头肌与腘绳肌在力量上的不均衡是导致腘绳肌反复出现拉伤的主要原因。研究人员对来自法国、比利时和巴西的407名职业球员进行了为期9个月的追踪研究。当对所有的球员都进行了股四头肌和腘绳肌的力量测试,161名球员在大腿的前后肌群存在力量不均衡的情况(腘绳肌的力量比股四头的力量低)。在这些测试球员中,70名球员进行了大负荷的腘绳肌离心和向心力量训练,剩下的91名球员没有进行力量训练。而其他246名球员则不存在力量不均衡的问题。力量不均衡且又进行了力量训练的球员将腘绳肌拉伤的风险降低了4倍(图10-3)。此外,这些球员的损伤风险并不比那些不存在力量不均衡的球员高。

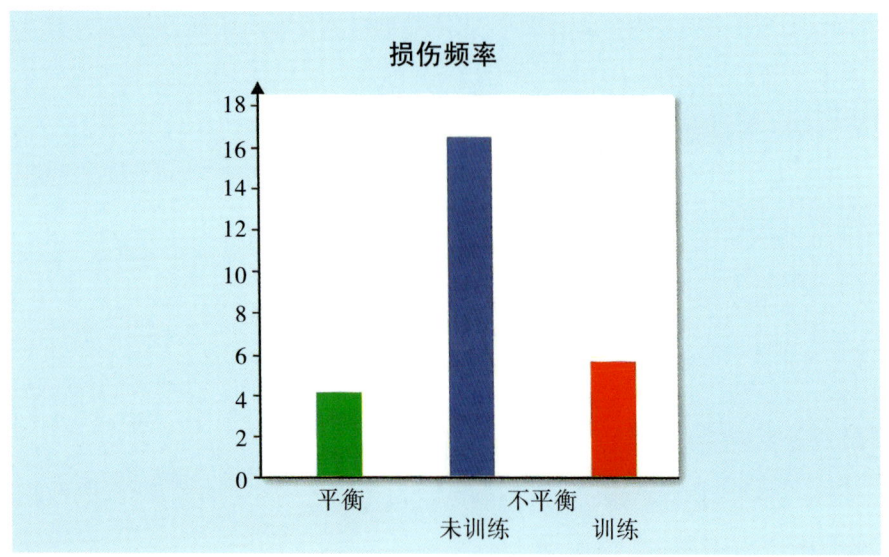

图10-3

一个职业足球赛季中力量训练对于腘绳肌损伤频率的影响。一些球员（蓝柱和红柱）在腘绳肌和股四头肌的力量上存在不均衡，另一些球员（绿柱）则不存在力量不均问题。一些力量不均衡的球员进行了腘绳肌的力量训练（红柱），相反另一些球员则没有对腘绳肌进行专门的训练（蓝柱）。注意，训练组在腘绳肌拉伤的频率方面仅略高于腘绳肌与股四头肌力量平衡一组（绿柱）。

当损伤后（重建）准备重返球场时，肌肉力量训练也同样重要。在不能参加运动的时段，主要会对肌肉产生影响，减少肌肉的力量。膝关节手术两年后，球员手术腿的肌肉力量只有另外一条腿力量的75%，这些球员在伤后重建阶段没有足够重视肌肉力量的训练。显然，这种情形下再次发生损伤的风险明显上升。

接下来是关于损伤预防和伤后重建训练的一些指导，同样也包括了训练中所进行的练习。

目 的

损伤预防训练的目的在于增加主要关节周围肌肉的力量，或者改变关节任意一侧肌肉力量不均衡的状态，避免损伤的出现。

10. 损伤预防与康复训练

损伤后重建训练的目的在于将肌肉的力量恢复到受伤前的水平，然后进一步增强力量以避免再次损伤的发生。

预防损伤和康复训练

由离心收缩构成的力量训练有效地预防损伤的出现。因此，这里有一些用于损伤预防的练习，如练习10-1（北欧腘绳肌练习）及练习10-2（离心腘绳肌屈腿练习）。

练习10-1 北欧腘绳肌练习。球员向前倾斜并尝试对抗向前的倾倒，腘绳肌做离心功。研究表明，每周进行1~3次训练，每次训练2~3组，每组重复8~10次将会明显降低腘绳肌损伤的风险。

练习10-2 离心腘绳肌屈腿练习。球员俯卧在腘绳肌屈腿训练器械上。负荷设定为4~6RM。球员通过脚后跟带动器械向臀部移动使腘绳肌做向心收缩，然后再缓慢放下（练习6~10秒），腘绳肌做离心功。练习3~6次，一堂训练重复3~5次。或者一条腿增加超过1RM的负荷，双腿将器械举起，但以一条腿放下，同时另一条腿作为支撑。

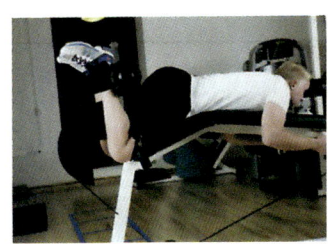

足球球员经常反复出现肌腱损伤。最为常见的是阿基里斯/阿喀琉斯（Achilles）跟腱和跳跃膝，炎症发生在跟腱和髌腱。这种损伤往往是由于长时间过度使用或错误使用肌群所导致，使得肌腱出现小的撕裂，引起修复细胞进入患部。肌腱炎会引发轻微至剧烈的疼痛。几项研究表明，大负荷的基础肌肉力量训练且当肌腱缓慢拉长时（离心收缩运动），可以去除或缓解这种类型肌腱损伤所引起的疼痛。因此，练习10-3和练习10-4可以分别用来治疗阿基里斯/阿喀琉斯跟腱和跳跃膝问题。

练习10-3 跟腱伸展。球员单腿站在高台阶上并缓慢上下移动，收缩和伸展小腿肌群。下行动作是重要环节，应缓慢进行。当球员变得更加有力，负荷可以通过穿沙衣的形式加载在肩膀上。另一种方法，练习可以结合负荷器械完成。

练习10-4 股四头肌离心练习。球员坐在负荷约为10~12RM的腿部推举器械上。球员腿部从90°伸展至180°，然后缓慢回收，（可以读秒到8，约6~8秒），股四头肌将会进行离心对抗，膝关节的肌腱进行长而缓慢的牵拉。当练习做得更为熟练后，球员可以一条腿完成离心阶段，另一条腿作为支撑，在髌腱上施加额外的张力。

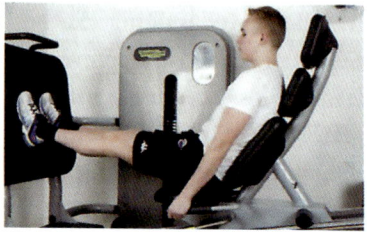

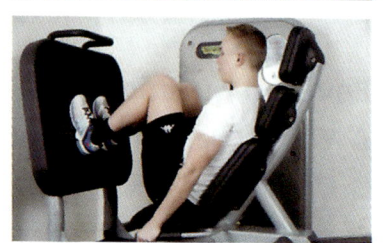

这些练习应该完成4~6组，每组重复6~12次。

预防损伤和康复训练计划设计

预防损伤训练计划的内容与基础肌肉力量训练所运用的练习相同（参见第6章），但练习的重心应放在离心收缩阶段。训练应按常规方法进行，一周2~3次练习，每次2~3组，每组重复6~10次。除去一个为期几周的引导阶段，负荷量不是必须增加。

在一份伤后重建训练计划中，训练的数量和负荷应逐步增加。训练应与理疗师或医生一起配合制订。例如，一名球员有膝关节肌腱疼痛（跳跃膝），可以在重建训练的第一周以中等负荷强度（约为15RM）进行离心股四头肌训练，做4组，每组重复12次（参见练习10-4）。然后随着每周练习组数和负荷的增加，练习重复次数应逐步减少，在6~8周后，练习应达到6组，每组重复6次。重要的是球员从一堂课到下一堂课的疼痛感不能增加。如果3周训练后，疼痛没有减轻，那么理疗师或医生应该重新进行安排。

总结

肌肉力量训练可以用来预防损伤。尤其是离心训练在预防损伤上更为有效。因损伤而不能活动的周期会导致肌肉体积和力量的流失，肌肉力量训练在伤后的重建阶段必须进行。当进行一个重建计划时，理疗师或者医生应该确保在训练期间不对球员产生伤害。

复习题

1. 在预防损伤计划中应该进行哪一种类型的肌肉收缩训练？
2. 在伤后重建阶段如何开展训练？

学习任务

1. 设计一个为期4周的预防损伤计划。
2. 设计一个为期12周针对球员跟腱炎伤后重建的训练计划。

参考文献及推荐阅读

Alfredson H et al. Heavy-load eccentric calf muscle training for the treatment of chronic Achilles tendinosis. American Journal of Sports Medicine 26: 360-366, 1998.

Askling C et al. Hamstring injury occurrence in elite soccer players after preseason strength training with eccentric overload. Scandinavian Journal of Medicine & Science in Sports 13: 244-250, 2003.

Croisier JL. Factors associated with recurrent hamstring injuries. Sports Medicine 34: 681-695, 2004.

Croisier JL et al. Hamstring muscle strain recurrence and strength performance disorders. American Journal of Sports Medicine 30: 199-203, 2002.

Croisier JL et al. Strength imbalances and prevention of hamstring injury in professional soccer players: A prospective study. American Journal of Sports Medicine 36: 1469-1475, 2008.

Dauty M & Collon S. Incidence of injuries in French professional soccer players. International Journal of Sports Medicine 32: 965-969, 2011.

Kongsgaard M et al. Structural Achilles tendon properties in athletes subjected to different exercise modes and in Achilles tendon rupture patients. Journal of Applied Physiology 99: 1965-1971, 2005.

Kongsgaard M et al. Region specific patellar tendon hypertrophy in humans following resistance training. Acta Physiologica 191: 111-121, 2007.

Petersen J et al. Preventive effect of eccentric training on acute hamstring injuries in men's soccer: A cluster-randomized controlled trial. American Journal of Sports Medicine 39: 2296-2303, 2011.

Rutland M et al. Evidence-supported rehabilitation of patellar tendinopathy. North American Journal of Sports Physical Therapy 5: 166-178, 2010.

Zebis MK et al. Rapid hamstring/quadriceps force capacity in male vs. female elite soccer players. Journal of Strength and Conditioning Research 25: 1989-1993, 2011.

11. 青少年球员的力量训练

随着孩子的成长，肌肉体积和肌肉力量都在增长，这使得运动中的能力得以提升，因而也就需要更高的力量输出（参见《足球有氧与无氧训练-青少年球员训练重点》）。青春期前，腿部肌肉力量的发展男孩和女孩基本相同，但从7岁开始男孩上体的力量要高于女孩。其中一个原因可能是男孩利用上体多于女孩。随着年龄的增长，力量的增长同样与神经系统的发展有关，这取决于成熟程度、基因及环境因素，同样也与身体活动相关。在青春期前通过力量训练所获得的力量，特别是在早期阶段，主要来源于神经肌肉活性的增加。这意味着如果没有持续进行训练，力量效果会迅速消失，在青春期前期通过训练所获得力量是暂时的。此外，没有力量训练经历的球员，经过一段时间的力量训练后，可以达到参加过力量训练的球员水平。

神经系统的成熟度与生理年龄相关，在12岁左右时，通常感知觉已经发展充分，这就意味着球员可以进行认知和评价，但是他们或许还不能够控制复杂的动作。过了这个年龄后，在肌肉体积和发力能力上还会有逐步增长。图11-1显示了不同年龄的职业球员20米冲刺跑的能力数据，图11-2中则显示了4名青少年球员，相差2~3岁的20米冲刺跑能力数据。在这些年龄段，力量训练使得球员在力量素质的发展上能够得到很大的提升。

因此，在12岁左右的年龄，球员就可以开始进行肌肉力量训练。然而，12~15岁的球员只能进行低负荷的基础肌肉力量训练，最好利用自身重量或使用功能力量器械作为负荷进行训练。此外，大多数练习应该以相应的负荷强度（15~20RM）进行多次重复（如15~20次）。年龄在15~19岁的青少年球员，应该逐步开始进行更高负荷和更大量的训练，以自由力量进行训练。不建议青少年球员进行高负荷（1~4RM）的训练。此外，器械力量和自由力量练习应该在监督下完成并在技术方面给予必要的指导。

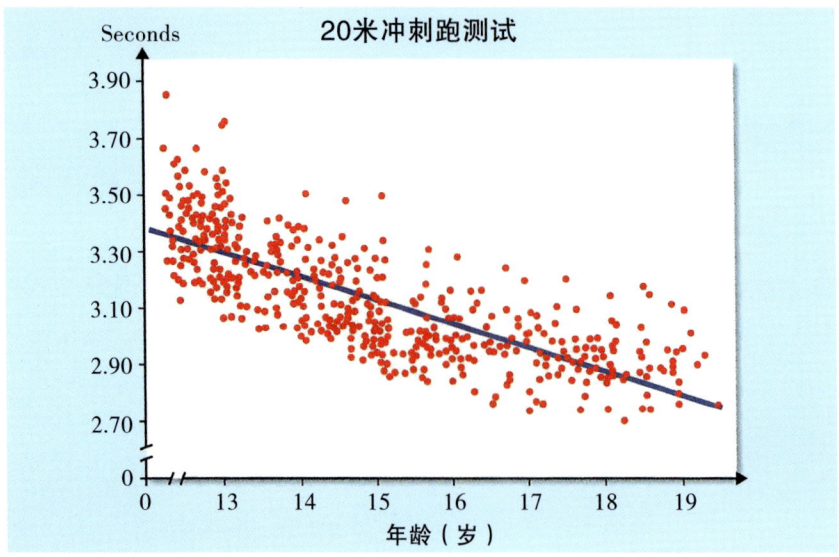

图11-1

不同年龄的职业球员20米冲刺跑时间。注意跑动能力随着年龄而提高。然而,在所有年龄段上跑得最快和最慢的球员间均存在很大差异。同样还要注意,即使是在职业球员中,一些18岁的球员也比15岁的球员跑得慢,有些甚至比12~13岁跑得最快的球员慢。

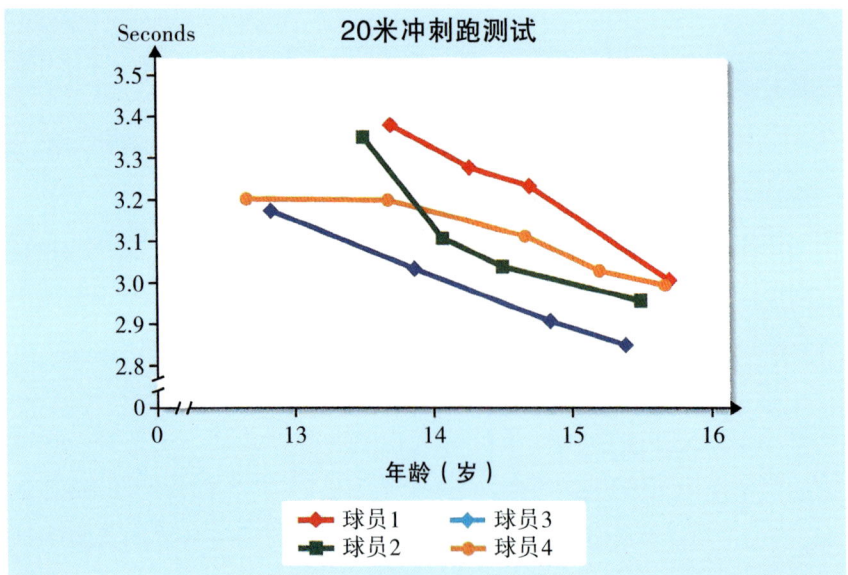

图11-2

在2~3年周期内4名职业球员的20米冲刺跑时间。注意,所有球员都有很大的提高。同样一些球员在既定的时段中提升明显(如球员2在14岁左右时),一些球员在既定的时段中没有或几乎没有提升(如球员4在13岁左右时)。

11. 青少年球员的力量训练

总结

青少年球员在肌肉体积和力量上会自然的发育，通过足球运动得以加强。不过，青少年球员从12岁开始可以从基础肌肉训练中获得益处。训练量和强度在年龄较小时要低并随着年龄的增长而逐步提升。

复习题

1. 神经系统在什么年龄阶段得到充分发展？
2. 青少年球员在什么时候开始进行基础肌肉力量训练？
3. 在青春期前的孩子中什么是力量素质增长的主要贡献者？
4. 青少年球员从什么年龄开始可以进行更大负荷的基础力量训练？

学习任务

1. 设计一个14岁女孩的力量训练计划。
2. 设计两堂10岁男孩的足球力量训练课。

参考文献及推荐阅读

Bangsbo J. *Aerobic and Anaerobic Training in Soccer — With Special Emphasis on Training of Youth Players. Fitness Training in Soccer I*, pp. 1-231. www.bangsbosport.com, 2012.

Buchheit M et al. Improving repeated sprint ability in young elite soccer players: Repeated shuttle sprints vs. explosive strength training. Journal of Strength and Conditioning Research 24: 2715-2722, 2010.

Fernandez-Gonzalo R et al. Comparison of technical and physiological characteristics of prepubescent soccer players of different ages. Journal of Strength and Conditioning Research 24: 1790-1798, 2010.

Figueiredo AJ et al. Size and maturity mismatch in youth soccer players 11- to 14-years-old. Pediatric Exercise Science 22: 596-612, 2010.

Rubley MD et al. The effect of plyometric training on power and kicking distance in female adolescent soccer players. Journal of Strength and Conditioning Research 25: 129-134, 2011.

Wong PL et al. Effects of 12-week on-field combined strength and power training on physical performance among U-14 young soccer players. Journal of Strength and Conditioning Research 24: 644-652, 2010.

12. 力量训练计划设计

在为一组球员或是一名球员设计力量训练计划之前，需要考虑一系列的事项。首先，重要的是确定好训练的目标。一些球员可能需要提高他们的启动能力，而一些球员可能要提高他们在比赛中的最大力量。一些球员进行训练以预防损伤的发生，还有些球员可能正在从损伤中进行康复。其次，应该考虑训练可用时间。力量训练通常作为一堂训练课的常规部分，应与技术、战术训练，以及其他一些体能训练结合在一起构成训练课的内容。因此，力量训练的量和强度在一年中的不同时段都有不同的变化。不同类型的训练必须要符合个人的需求和赛季的时间进行妥善安排。

年计划可以分为赛季后和赛季中两个阶段。赛季后阶段，由个人所在俱乐部中所完成的训练阶段（个人阶段）和在俱乐部中完成训练以备战赛季（赛季开始前）的阶段构成。赛季后的长度有很大不同，如冰岛等国家赛季后阶段可以长达6个月，而英格兰则只有2个月的时间。不过，总体上一些针对不同周期计划结构和编排的指导原则还是可以确定的。显然，在拥有一个长间歇期的国家的球员，将拥有更多的时间进行力量训练。

本章主要对不同类型力量训练的编排给出建议。此外，也给出了在一年不同阶段，如何与其他类型训练结合进行力量训练的例子。对于其他类型训练的编排，主要参见《足球有氧与无氧训练》一书所述。这些指导原则主要是针对职业球员，但同样也提供了一些对业余球员的专门建议。重要的是，对于一些特殊的球员，个人需求和球员的总负荷量需要在计划中给予考虑。例如，对于一些球员所进行的力量训练，可能因球队比赛过多而导致取消。这样，有必要利用对力量训练的类型和数量进行记录，以及定期的测试（参见第3章）来完成评估，以决定是否需要更多的力量训练课程。

在我们开始继续探讨计划的细节前，将考虑并存训练的影响，比如在上述的特殊时段，或是同一天中进行力量训练和其他类型的训练（如有氧训练）。

同步训练

为了更好地发展肌肉力量，足球运动需要很好的无氧和有氧能力。因为在赛季周训练中所有的方面都需要进行训练，通过分别进行不同种类的练习所获得能力可能出现不同的适应性。在一堂有氧训练课中或课后马上进行力量训练，并不会影响心血管方面的效果，如最大摄氧量或在肌肉质量方面的提高，包括肌肉的氧化能力。另一方面，力量训练的收益明显受到同一时期所进行的有氧训练的影响，如图12-1中所显现的那样。研究结果显示，经过一段时间后在发力速率上的增长，在与有氧训练同一时段进行时会出现明显的下降。

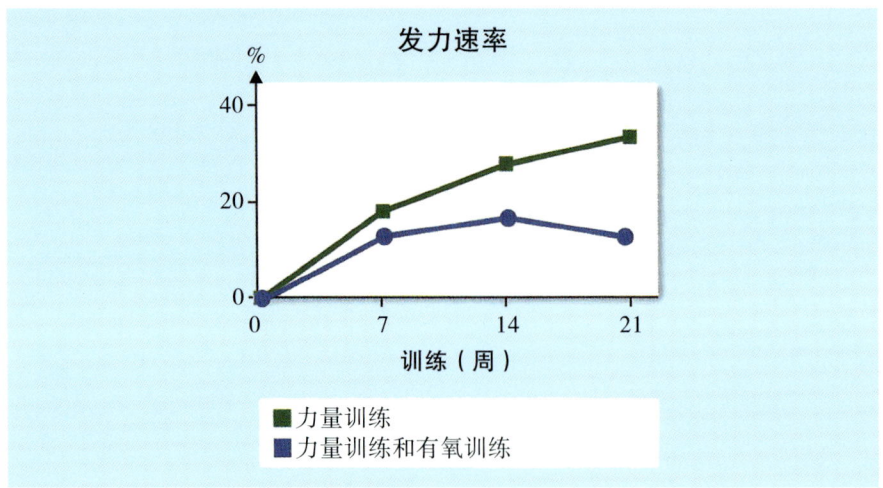

图12-1

同时进行基础肌肉力量训练和有氧训练对于发力速率的影响。实验对象共进行21周训练，第一组（绿线）只进行力量训练，不进行有氧训练；第二组（蓝线）同时进行两类训练。在实验的不同阶段，研究者测试了受试股四头肌的发力速率。研究发现，与只进行力量训练的实验组相比，同时进行两类训练的实验组发力速率提高更少。

12. 力量训练计划设计

其他研究显示，进行有氧训练的同时进行力量训练可以提高肌肉力量，但是其反应速度会下降。在一项研究中一组球员进行了力量训练，另一组球员进行了力量和有氧训练相结合的训练，两个小组均增加了跳跃力量，但是前组的提高明显高于后组（图12-2），这些研究是跑步球员完成的；作为足球球员，进行更多不同类型的训练而不是只进行有氧训练，球员通过基础肌肉力量训练，可以在肌肉力量方面的收获明显改善。不过在力量训练后进行有氧训练，看起来抑制了肌肉体积和力量增长的适应性，反过来则会增加适应性。如果有氧训练在力量训练前进行将会减少不利影响。因此，如果两种训练在同一天进行，力量训练应该安排在有氧训练后进行。

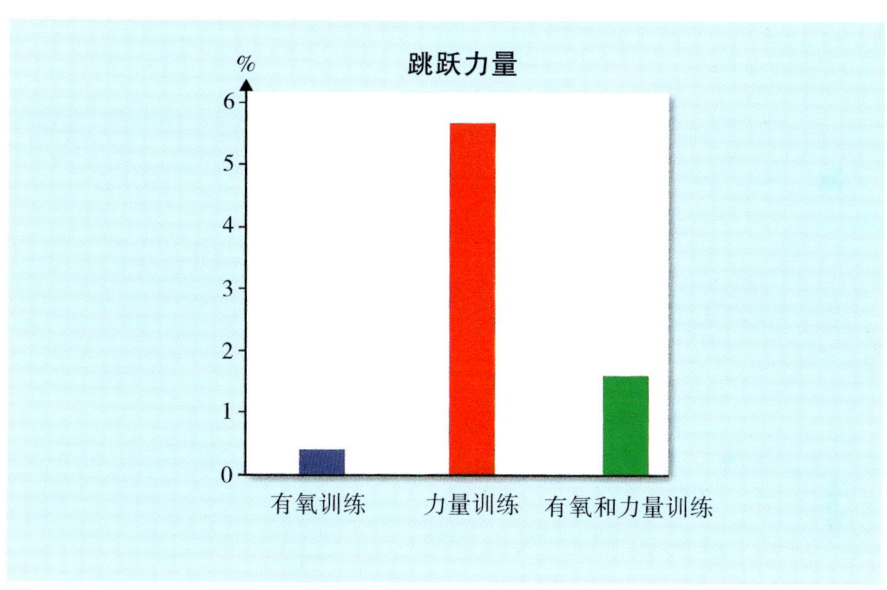

图12-2

不同训练形式对于跳跃力量的影响。在不同训练日进行有氧训练（蓝柱）小组，力量训练小组（红柱），以及进行有氧和力量训练（绿柱）。在12周的时间里两个组进行了相同数量的力量训练。注意，在跳跃力量的提高方面，进行两种类型训练的小组明显低于只进行力量训练的对照小组，而只进行有氧练习的小组在跳跃力量上几乎没有增长。

非赛季

非赛季的训练由球员自己进行训练的特定周期和球员与球队一起进行训练的准备期阶段构成。

特定周期

研究显示,即使在训练量降低的情况下,已经获得的肌肉力量能够保持原有水平。例如,在一项研究中,球员每周3次训练课进行一段时间的基础肌肉力量训练后,肌肉力量有了显著的提升,训练减少至一周一次的时候,他们还能够保持原有的力量水平(图12-3)。因此,基础肌肉力量可以在球员进行其他类型训练负荷较低时进行,然后当其他形式的训练需要优先考虑时,就减少力量训练的练习量,保持住力量水平。

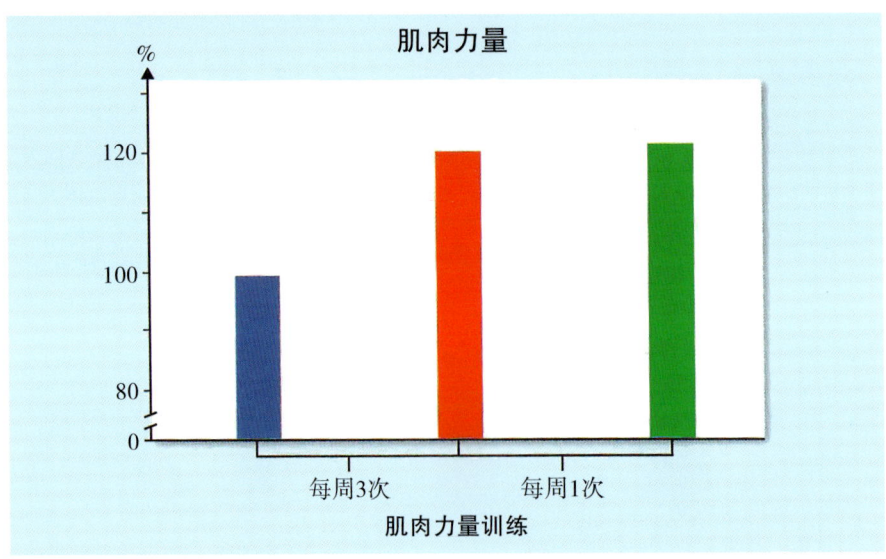

图12-3

通过为期10周的基础肌肉力量训练计划维持已获得的肌肉力量。球员每周练习3次,接下来力量训练的频率变为每周练习一次。在进行力量训练周期前的力量数值(设定为100%)。注意,尽管减少了力量训练的频率,但球员仍保持了他们的肌肉力量。

因此，特定周期是发展基础肌肉力量的最佳时机，这种形式的力量训练应该优先考虑（表12-1）。在适当的指导下学习技术，一名没有训练经验的球员可以利用前4周的训练熟悉基础力量训练。例如，球员开始前两周可以每周训练2次，然后每周3次10～15RM中等负荷量（表12-2）。之后，维持训练频率，但是负荷量增加到4～8RM，如表12-2所示。如果球员已经具备基础力量训练的经验，则可以从第5周的练习形式开始训练计划。为了实现训练收益的最大化，基础力量训练每周可以进行3次，但每周进行2次训练依然可以收到明显的效果。练习应动用主要肌群，但对于特殊需要的练习也可以包括其中，训练负荷应该逐步递增。每个第二周，球员可以对特定练习进行负荷量为6RM的测试，后两周的负荷量随测试结果而进行调整。这种形式的训练持续至准备期训练开始。在特定周期，不需要进行转化训练和足球爆发力训练。

表12-1 特定周期中力量训练的优先性

特定周期						
周	1	2	3	4	……	18
基础肌肉力量训练	3	3	4	4	4	4
力量转化训练	1	1	1	1	1	1
足球爆发力训练	1	1	1	1	1	1

4=非常重要—必须经常进行训练，如每周3次

3=很重要—应该进行训练，如每周2次

2=比较重要—可以练，如每周1次

1=重要性低—不需要进行训练，如每周0~1次

表12-2 特定周期中的基础肌肉力量训练计划

特定周期-负荷量			
训练课	星期一	星期三	星期五
周	1	2	3
1	2×8×15RM*		3×8×15RM
2	3×8×15RM	3×8×12RM	3×8×12RM
3	3×8×10RM	3×8×10RM	3×6×8RM

(续表)

特定周期-负荷量			
训练课	星期一	星期三	星期五
周	1	2	3
4	4×6×8RM	3×6×8RM	3×6×6RM
5	4×6×6RM	4×5×5RM	4×6×6RM
6	2×6×6RM 2×4×4RM	4×6×6RM	2×6×6RM 2×4×4RM
7	2×6×6RM 2×4×4RM	4×6×6RM	2×6×6RM 2×4×4RM
8	2×6×6RM 2×4×4RM	4×6×6RM	2×6×6RM 2×4×4RM
……	……	……	……
20	2×6×6RM 2×4×4RM	4×6×6RM	2×6×6RM 2×4×4RM

*所有表中的练习均为组数和重复次数（例如，2×8=8RM的负荷量，8次重复为一组，进行两组训练）。

表12-3 准备期中力量训练的优先性

准备期								
周	-8	-7	-6	-5	-4	-3	-2	-1
基础肌肉力量训练	4	4	3	3	2	2	2	2
力量转化训练	1	1	2	2	3	3	2	2
足球爆发力训练	1	1	1	1	1	1	2	2

4=非常重要—必须经常进行训练，如每周3次

3=很重要—应该进行训练，如每周2次

2=比较重要—可以练，如每周1次

1=重要性低—不需要进行训练，如每周0~1次

表12-4　准备期中职业球员和业余球员下肢肌肉基础力量训练计划[#]

业余										
周	1	2	3	4	5	6	7	8	9	10
	×2 时间/周				×1½ 时间/周				×½-1½ 时间/周	
自由力量基础练习										
下蹲	2×12	3×12	3×10	3×10	3×8	3×8	4×8	4×8	4×6	3×6
深蹲	2×12	3×2	3×8	3×8						
保加利亚分腿蹲	2×12	3×10	3×10	3×10	3×8	3×8	4×8	4×8	4×8	3×6
弓箭步	2×12	3×10	3×10	3×10	3×8	3×8	4×8	4×8		
罗马尼亚硬拉（直腿硬拉）	2×12	3×10	3×10	3×10	3×8	3×8	4×8	4×8	4×6	3×6
基础练习器械										
腿部推举					3×8	3×8	4×8	4×8	4×8	3×8
斜板深蹲	*	*	*	*	*	*	*	*	*	*
膝关节伸展	**	**	**	**	**	**	**	**	**	**
腘绳肌弯举	2×12	3×12	3×10	3×10	3×8	3×8	3×8	3×8	3×8	3×8
腘绳肌弯举（离心）					2×4	2×4	3×4	3×4	2×4	2×4
坐姿腘绳肌弯举	***	***	***	***	***	***	***	***	***	***
其他无负重练习										
北欧腘绳肌练习					3×8	3×8	3×8	3×8	3×8	3×8
臀部伸展	2×12	3×12	3×12	3×12	3×12	3×12	3×12	3×12	2×10	2×10
臀桥	2×12	3×12	3×12	3×12	3×12	3×12	3×12	3×12	2×10	2×10

*下蹲和深蹲交替进行

**如有特殊需要进行补充

***转变成腘绳肌弯举

[#] 为期10周的训练安排。业余和职业球员分别有16节和23节训练课。每节训练课为50~70分钟，包括热身活动时间。每周，球员在训练课中进行同样的练习。训练安排可以从1~4周中去掉两周缩短至8周或者可以在5~8周中增加两周而总体延长为12周。所有的练习均以重复次数和组数的形式呈现（例如，4×10=10RM负荷每组重复10次，进行4组的练习）。某些练习可以由列举的练习形式进行替代。

（续表）

职业										
周	1	2	3	4	5	6	7	8	9	10
	×3 时间/周				×2 时间/周				×1½ 时间/周	
自由力量基础练习										
下蹲	3×12	4×12	4×10	4×10	4×8	4×8	5×6	5×6	4×6	3×6
深蹲	3×12	4×12	4×10	4×10						
保加利亚分腿蹲	3×10	4×10	4×10	4×10	4×8	4×8	5×6	5×6	4×6	3×6
跨步	3×10	4×10	4×10	4×10	4×8	4×8	5×6	5×6	4×6	3×6
罗马尼亚硬拉	3×10	4×10	4×10	4×10	4×8	4×8	5×6	5×6	4×6	3×6
基础练习器械										
腿部推举					4×8	4×8	5×6	5×6	4×6	3×6
斜板深蹲	*	*	*	*	*	*	*	*	*	*
膝关节伸展					4×8	4×8	4×8	4×8	4×6	3×6
腘绳肌弯举	4×12	4×12	4×10	4×10	4×8	4×8	4×8	4×8	4×6	3×6
腘绳肌弯举（离心）			2×4	2×4	3×4	3×4	3×4	3×4	3×4	2×4
坐姿腘绳肌弯举	***	***	***	***	***	***	***	***	***	***
其他无负重练习										
北欧腘绳肌练习		3×8	3×8	3×8	3×8	3×8	3×8	3×8	3×8	3×8
臀部伸展	3×12	3×12	3×12	3×12	3×12	3×12	3×12	3×12	3×12	3×12
臀桥	3×12	3×12	3×12	3×12	3×12	3×12	3×12	3×12	3×12	3×12

*下蹲和深蹲交替进行

**如有特殊需要进行补充

***转变成腘绳肌弯举

准备期

关于这方面，准备期的周期通常为8周时间。我们假定球员已经在个人时段后完成了基础力量训练。此外，正如上述所说球员需要一个为期4周的训练引导阶段。在准备期训练周期的前两周中，基础肌肉训练是主要项目，每周进行3次练习；然后接下来的2周训练次数减至每周2次，在赛季开始前的4周减至

12. 力量训练计划设计

每周一次（表12-3）。负荷量应该在4~8RM。在赛季开始前的最后环节中应该注重个人需求，比如，需要进行更多的基础肌肉力量训练。表12-4展示了一个为期10周，针对业余球员和职业球员进行准备期训练计划例子，主要进行下肢的训练。

在准备期训练周期中的前两周后，以次最大强度进行的力量转化训练作为每周一次的独立课程引入。然后在接下来的两周中转化训练的频率增加至每周2次，在最后的两周中，每周进行一次，此时足球爆发力训练也同样是每周进行一次（参见表12-3）。球员在这种训练课中应全力以赴，训练课的总持续时间为15~20分钟。表12-5和表12-6分别提供了在赛季开始前的第7周和第3周，如何把力量训练与其他类型的训练结合在一起安排的例子。

表12-5 赛季开始前7周准备期中一周结合力量训练计划

准备期（赛季开始前7周）							
	星期日	星期一	星期二	星期三	星期四	星期五	星期六	星期日
上午	调整	调整	热身/技战术（45分钟）有氧高强度训练8×2分钟练习，1分钟间歇（25分钟）	热身（15分钟）速度训练（15分钟）技战术（45分钟）	调整	热身/技战术（45分钟）**肌肉力量训练（下肢）4×6×6RM(60分钟)**	热身/技战术（30分钟）速度训练（15分钟）有氧高强度训练6×3分钟，1分钟间歇（25分钟）	调整

准备期（赛季开始前7周）								
	星期日	星期一	星期二	星期三	星期四	星期五	星期六	星期日
下午	调整	有氧中强度训练（30分钟）基础肌肉力量训练4×6×6 RM（60分钟）	调整	基础肌肉力量训练4×8×8 RM（60分钟）	有氧中强度训练（30分钟）比赛11对11（30分钟）	调整	调整	比赛（友谊赛）

表12-6 赛季开始前3周准备期中一周结合力量训练计划

准备期（赛季开始前3周）								
	星期日	星期一	星期二	星期三	星期四	星期五	星期六	星期日
上午	调整	调整	热身（20分钟）力量转化训练2×10最大强度（15分钟）技战术（20分钟）速度耐力训练（20分钟）	热身/技战术（20分钟）速度训练（15分钟）基础肌肉力量训练4×6×6 RM（60分钟）	调整	热身/技战术（45分钟）有氧高强度训练6×3分钟，1分钟间歇（25分钟）	调整	调整

每周一次（表12-3）。负荷量应该在4~8RM。在赛季开始前的最后环节中应该注重个人需求，比如，需要进行更多的基础肌肉力量训练。表12-4展示了一个为期10周，针对业余球员和职业球员进行准备期训练计划例子，主要进行下肢的训练。

在准备期训练周期中的前两周后，以次最大强度进行的力量转化训练作为每周一次的独立课程引入。然后在接下来的两周中转化训练的频率增加至每周2次，在最后的两周中，每周进行一次，此时足球爆发力训练也同样是每周进行一次（参见表12-3）。球员在这种训练课中应全力以赴，训练课的总持续时间为15~20分钟。表12-5和表12-6分别提供了在赛季开始前的第7周和第3周，如何把力量训练与其他类型的训练结合在一起安排的例子。

表12-5 赛季开始前7周准备期中一周结合力量训练计划

准备期（赛季开始前7周）								
	星期日	星期一	星期二	星期三	星期四	星期五	星期六	星期日
上午	调整	调整	热身/技术（45分钟）有氧高强度训练8×2分钟练习，1分钟间歇（25分钟）	热身（15分钟）速度训练（15分钟）技战术（45分钟）	调整	热身/技战术（45分钟）肌肉力量训练（下肢）4×6×6RM(60分钟)	热身/技战术（30分钟）速度训练（15分钟）有氧高强度训练6×3分钟，1分钟间歇（25分钟）	调整

（续表）

准备期（赛季开始前7周）								
	星期日	星期一	星期二	星期三	星期四	星期五	星期六	星期日
下午	调整	有氧中强度训练（30分钟） 基础肌肉力量训练4×6×6 RM（60分钟）	调整	基础肌肉力量训练4×8×8 RM（60分钟）	有氧中强度训练（30分钟）比赛11对11（30分钟）	调整	调整	比赛（友谊赛）

表12-6　赛季开始前3周准备期中一周结合力量训练计划

准备期（赛季开始前3周）								
	星期日	星期一	星期二	星期三	星期四	星期五	星期六	星期日
上午	调整	调整	热身（20分钟） 力量转化训练2×10最大强度（15分钟） 技战术（20分钟） 速度耐力训练（20分钟）	热身/技战术（20分钟） 速度训练（15分钟） 基础肌肉力量训练4×6×6 RM（60分钟）	调整	热身/技战术（45分钟） 有氧高强度训练6×3分钟，1分钟间歇（25分钟）	调整	调整

每周一次（表12-3）。负荷量应该在4~8RM。在赛季开始前的最后环节中应该注重个人需求，比如，需要进行更多的基础肌肉力量训练。表12-4展示了一个为期10周，针对业余球员和职业球员进行准备期训练计划例子，主要进行下肢的训练。

在准备期训练周期中的前两周后，以次最大强度进行的力量转化训练作为每周一次的独立课程引入。然后在接下来的两周中转化训练的频率增加至每周2次，在最后的两周中，每周进行一次，此时足球爆发力训练也同样是每周进行一次（参见表12-3）。球员在这种训练课中应全力以赴，训练课的总持续时间为15~20分钟。表12-5和表12-6分别提供了在赛季开始前的第7周和第3周，如何把力量训练与其他类型的训练结合在一起安排的例子。

表12-5 赛季开始前7周准备期中一周结合力量训练计划

准备期（赛季开始前7周）								
	星期日	星期一	星期二	星期三	星期四	星期五	星期六	星期日
上午	调整	调整	热身/技战术（45分钟）有氧高强度训练8×2分钟练习，1分钟间歇（25分钟）	热身（15分钟）速度训练（15分钟）技战术（45分钟）	调整	热身/技战术（45分钟）肌肉力量训练（下肢）4×6×6RM(60分钟)	热身/技战术（30分钟）速度训练（15分钟）有氧高强度训练6×3分钟，1分钟间歇（25分钟）	调整

（续表）

准备期（赛季开始前7周）								
	星期日	星期一	星期二	星期三	星期四	星期五	星期六	星期日
下午	调整	有氧中强度训练（30分钟） 基础肌肉力量训练4×6×6 RM（60分钟）	调整	基础肌肉力量训练4×8×8 RM（60分钟）	有氧中强度训练（30分钟）比赛11对11（30分钟）	调整	调整	比赛（友谊赛）

表12-6　赛季开始前3周准备期中一周结合力量训练计划

准备期（赛季开始前3周）								
	星期日	星期一	星期二	星期三	星期四	星期五	星期六	星期日
上午	调整	调整	热身（20分钟） 力量转化训练2×10最大强度（15分钟） 技战术（20分钟） 速度耐力训练（20分钟）	热身/技战术（20分钟） 速度训练（15分钟） 基础肌肉力量训练4×6×6 RM（60分钟）	调整	热身/技战术（45分钟） 有氧高强度训练6×3分钟，1分钟间歇（25分钟）	调整	调整

12. 力量训练计划设计

每周一次（表12-3）。负荷量应该在4~8RM。在赛季开始前的最后环节中应该注重个人需求，比如，需要进行更多的基础肌肉力量训练。表12-4展示了一个为期10周，针对业余球员和职业球员进行准备期训练计划例子，主要进行下肢的训练。

在准备期训练周期中的前两周后，以次最大强度进行的力量转化训练作为每周一次的独立课程引入。然后在接下来的两周中转化训练的频率增加至每周2次，在最后的两周中，每周进行一次，此时足球爆发力训练也同样是每周进行一次（参见表12-3）。球员在这种训练课中应全力以赴，训练课的总持续时间为15~20分钟。表12-5和表12-6分别提供了在赛季开始前的第7周和第3周，如何把力量训练与其他类型的训练结合在一起安排的例子。

表12-5 赛季开始前7周准备期中一周结合力量训练计划

准备期（赛季开始前7周）								
	星期日	星期一	星期二	星期三	星期四	星期五	星期六	星期日
上午	调整	调整	热身/技战术（45分钟）有氧高强度训练8×2分钟练习，1分钟间歇（25分钟）	热身（15分钟）速度训练（15分钟）技战术（45分钟）	调整	热身/技战术（45分钟）肌肉力量训练（下肢）4×6×6RM(60分钟)	热身/技战术（30分钟）速度训练（15分钟）有氧高强度训练6×3分钟，1分钟间歇（25分钟）	调整

准备期（赛季开始前7周）								
	星期日	星期一	星期二	星期三	星期四	星期五	星期六	星期日
下午	调整	有氧中强度训练（30分钟） 基础肌肉力量训练4×6×6 RM（60分钟）	调整	基础肌肉力量训练4×8×8 RM（60分钟）	有氧中强度训练（30分钟）比赛11对11（30分钟）	调整	调整	比赛（友谊赛）

表12-6 赛季开始前3周准备期中一周结合力量训练计划

准备期（赛季开始前3周）								
	星期日	星期一	星期二	星期三	星期四	星期五	星期六	星期日
上午	调整	调整	热身（20分钟） 力量转化训练2×10最大强度（15分钟） 技战术（20分钟） 速度耐力训练（20分钟）	热身/技战术（20分钟） 速度训练（15分钟） 基础肌肉力量训练4×6×6 RM（60分钟）	调整	热身/技战术（45分钟） 有氧高强度训练6×3分钟，1分钟间歇（25分钟）	调整	调整

每周一次（表12-3）。负荷量应该在4~8RM。在赛季开始前的最后环节中应该注重个人需求，比如，需要进行更多的基础肌肉力量训练。表12-4展示了一个为期10周，针对业余球员和职业球员进行准备期训练计划例子，主要进行下肢的训练。

在准备期训练周期中的前两周后，以次最大强度进行的力量转化训练作为每周一次的独立课程引入。然后在接下来的两周中转化训练的频率增加至每周2次，在最后的两周中，每周进行一次，此时足球爆发力训练也同样是每周进行一次（参见表12-3）。球员在这种训练课中应全力以赴，训练课的总持续时间为15~20分钟。表12-5和表12-6分别提供了在赛季开始前的第7周和第3周，如何把力量训练与其他类型的训练结合在一起安排的例子。

表12-5　赛季开始前7周准备期中一周结合力量训练计划

准备期（赛季开始前7周）								
	星期日	星期一	星期二	星期三	星期四	星期五	星期六	星期日
上午	调整	调整	热身/技战术（45分钟）有氧高强度训练8×2分钟练习，1分钟间歇（25分钟）	热身（15分钟）速度训练（15分钟）技战术（45分钟）	调整	热身/技战术（45分钟）**肌肉力量训练（下肢）4×6×6RM(60分钟)**	热身/技战术（30分钟）速度训练（15分钟）有氧高强度训练6×3分钟，1分钟间歇（25分钟）	调整

（续表）

准备期（赛季开始前7周）								
	星期日	星期一	星期二	星期三	星期四	星期五	星期六	星期日
下午	调整	有氧中强度训练（30分钟） 基础肌肉力量训练4×6×6RM（60分钟）	调整	基础肌肉力量训练4×8×8RM（60分钟）	有氧中强度训练（30分钟）比赛11对11（30分钟）	调整	调整	比赛（友谊赛）

表12-6　赛季开始前3周准备期中一周结合力量训练计划

准备期（赛季开始前3周）								
	星期日	星期一	星期二	星期三	星期四	星期五	星期六	星期日
上午	调整	调整	热身（20分钟） 力量转化训练2×10最大强度（15分钟） 技战术（20分钟） 速度耐力训练（20分钟）	热身/技战术（20分钟） 速度训练（15分钟） 基础肌肉力量训练4×6×6RM（60分钟）	调整	热身/技战术（45分钟） 有氧高强度训练6×3分钟，1分钟间歇（25分钟）	调整	调整

12. 力量训练计划设计

（续表）

准备期（赛季开始前3周）								
	星期日	星期一	星期二	星期三	星期四	星期五	星期六	星期日
下午/晚上	比赛（友谊赛）	有氧中强度训练（30分钟） 基础肌肉力量训练4×6×8 RM（30分钟）	调整	调整	热身/技战术（30分钟） 速度训练（15分钟）比赛11对11（30分钟）	热身（20分钟） 力量转化训练2×10 最大强度（15分钟） 技战术（30分钟）	热身/技战术（30分钟） 足球力量训练4×5 最大用力（15分钟） 技战术（20分钟）	比赛（友谊赛）

如果准备期周期长于8周，同样可以运用该计划，通过第一阶段的延长，以每周进行3次基础肌肉力量训练构成；反之，如果准备期周期短，那么这个阶段的持续时间就缩短。

应该强调的是，一周2次的力量训练同样对力量的发展产生明显影响。在实践中，或许不得不进一步减少力量训练课的数量，如诸多的比赛或是其他类型训练的优先考虑。表12-7为一名青少年职业球员力量训练的数量。表中清晰显示，出于实际原因，球员在几周内都不能安排任何力量训练课。

表12-7　一名19岁的职业球员的准备期计划*

周	周训练课	训练课数	深蹲	下蹲	硬拉	B深蹲	跨步	爆发深蹲
1	1	训练1	3×8	4×12	3×8	3×8	3×8	—
1	2	训练2	3×8	4×12	3×8	3×8	3×8	—
1	3	训练3	3×8	4×12	3×8	3×8	3×8	—
2	1	训练4	4×8	4×12	4×8	4×8	4×8	—
2	2	训练5	4×8	4×12	4×8	4×8	4×8	—
3	—	—	—	—	—	—	—	—
4	1	训练6	4×8	4×10	4×8	4×8	4×8	—
5	1	训练7	4×8	5×8	4×8	4×8	4×8	—
5	2	训练8	4×8	5×8	4×8	4×8	4×8	—
5	3	训练9	4×8	5×8	4×8	4×8	4×8	—
6	1	训练10	4×8	5×8	4×8	4×8	4×8	—
6	2	训练11	4×8	5×8	4×8	4×8	4×8	—
7	1	训练12	4×8	5×8	4×8	4×8	4×8	—
7	2	训练13	4×8	5×8	4×8	4×8	4×8	—
8	1	训练14	—	4×6	4×8	4×8	3×8	4×8
9	1	训练15	—	4×6	4×8	4×8	4×8	4×8
9	2	训练16	—	4×6	4×8	4×8	4×8	4×8
10	—	—	—	—	—	—	—	—
11	1	训练17	—	4×6	4×6	4×6	4×6	4×6
12	—	—	—	—	—	—	—	—
13	1	训练18	—	4×6	4×6	4×6	4×6	4×6

*只呈现腿部练习。练习用重复次数和练习组数表示，如4×6代表4组练习，每组重复6次。所有组数的练习负荷均接近RM值。对于重复次数来说，计划有进展性，当球员变得更加强壮时，举重的重量逐步增加，但是每一组的重复练习次数则下降。注意在有些周中球员由于训练实际原因，如没有参加集训或是赴国家队报到以及有些需要的装备不可用等原因导致没有进行力量训练。

赛季中

在赛季中，通常没有充分的时间着重于提升基础肌肉力量，因此目标更多的放在维持间歇期期间所获得的力量水平。然而，也有例外的情况，就是将力量训练作为优先安排，例如，有球员需要在特定的方面进行提高。每周进行一次基础力量训练课是足够的（45~75分钟），因为训练和比赛中的强度运动足以保持肌肉的力量（表12-8）。有时候找时间进行基础力量训练是非常困难的，比如，一周3赛的情况下。不过，赛后的一天球员们可以进行上体训练，这些肌群通过比赛很难被轻易地锻炼到。下肢肌肉力量训练同样可以在比赛的后一天进行，但是只有在球员需要进行训练的情况下。如果下一场比赛在2天后进行，那么可以在赛后的2天进行下肢训练。

转化和足球力量训练可以一周进行2次，但在有些周中只进行一次或者进行其他训练（参见表12-8）。这些类型的训练应该在一堂课的早期时段进行，安排在充分热身活动后。

表12-8 赛季中力量训练的优先性

赛季						
周	1	2	3	4	…	30
基础肌肉力量训练	2	2	2	2	…	2
力量转化训练	2	1	2	1	…	2
足球爆发力训练	2	3	2	3	…	2

4=重要性非常高—必须经常训练，如每周3次

3=重要性很高—应该训练，如每周2次

2=重要性一般—可以进行训练，如每周1次

1=重要性低—不需要进行训练，如每周0~1次

表12-9和表12-10分别提供了一周一赛和一周两赛的情况下，如何计划不同类型训练的例子。训练计划应根据球员从比赛中和不同类型的训练中的恢复情况来进行调整。进一步的论述请参见《足球有氧与无氧训练》。显然球队中那些没有参加比赛或只打了一段时间比赛的球员，可以在赛后第二天进行力量训练的。对于每周进行2～3次训练的业余球员，应该考虑力量训练的需求。不过，通常球员可以从每周一节（15～20分钟）的足球力量训练和力量转化训练中受益。在这种情况下，基础肌肉力量训练可以作为个人选择进行，而非全队训练的环节。

表12-9 赛季中一周一赛的一周训练计划范例

赛季（一周一赛）								
	星期日	星期一	星期二	星期三	星期四	星期五	星期六	星期日
上午	调整	调整	调整	热身/技战术（60分钟）	调整	热身/技战术（45分钟）有氧高强度训练8×2练习，1分钟间歇（25分钟）	热身/技战术（30分钟）速度训练（15分钟）技术/战术/比赛（20分钟）	调整

(续表)

赛季（一周一赛）								
	星期日	星期一	星期二	星期三	星期四	星期五	星期六	星期日
下午	调整	调整	热身/技战术（20分钟）力量转化训练2×10最大用力（15分钟）速度耐力训练（20分钟）	基础肌肉力量训练4×6×6 RM（60分钟）	热身/技战术（30分钟）足球力量训练4×5最大用力（15分钟）比赛11对11（30分钟）	调整	调整	调整

表12-10 赛季中一周2赛的一周训练计划

赛季（一周双赛）								
	星期日	星期一	星期二	星期三	星期四	星期五	星期六	星期日
上午	调整	调整	热身（5分钟）速度训练（15分钟）技战术训练（15分钟）有氧高强度训练4×2分钟练习，1分钟间歇（11分钟）	调整	调整	热身/技战术（20分钟）足球力量训练4×5最大用力（15分钟）有氧高强度训练5×2分钟练习，1分钟间歇（15分钟）	热身（15分钟）速度训练（15分钟）技战术训练/比赛（30分钟）	调整

（续表）

赛季（一周双赛）								
	星期日	星期一	星期二	星期三	星期四	星期五	星期六	星期日
下午/晚上	比赛	有氧中强度训练（30分钟） 基础肌肉力量训练 2×6×8 RM（30分钟）	调整	比赛	有氧中强度训练（30分钟） 基础肌肉力量训练 2×6×8 RM（30分钟）	调整	调整	比赛

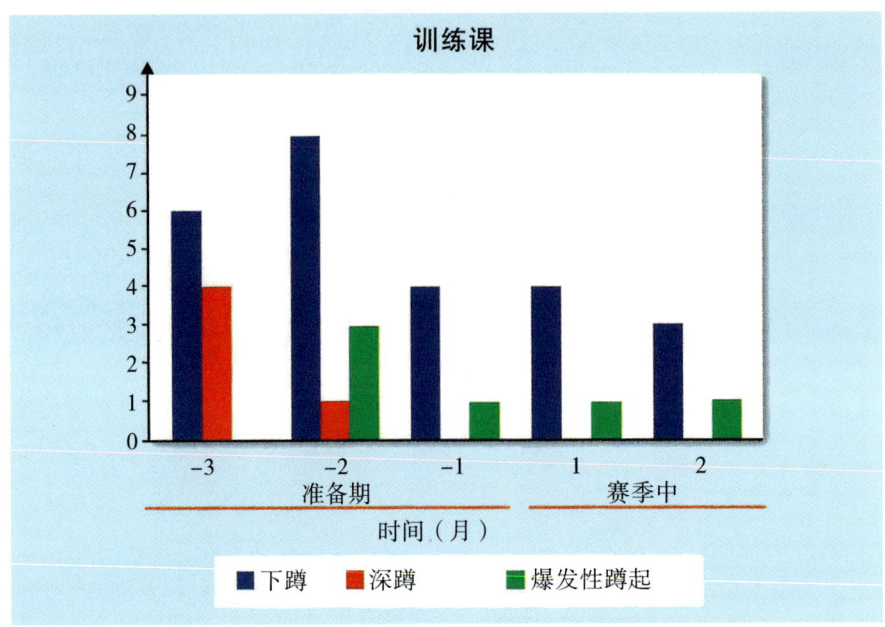

图12-4

一名职业球员在准备期和赛季早期阶段的基础肌肉力量训练计划。图中显示了赛季的前2个月和准备期的3个月中训练课，包括的3种基础肌肉力量练习（下蹲、深蹲、爆发性蹲起）。球员也进行其他练习，但形式更加随意。注意深蹲练习只在准备期阶段进行，所有训练在准备期阶段的最后阶段和赛季期间均明显减少。

总体建议

当进行基础肌肉力量训练时，有必要对所有训练课的重复次数和负荷进行监控，此外为了使训练获得进展，应在每个第二周训练时对负荷进行个别调整。同样，练习的形式也可以发生变化。图12-4提供了一个赛季初期阶段和准备期阶段练习方式及数量如何变化的例子。通常时间是有限的，基于这种情况的一些指导和建议如下：

- 运用大部分多关节参与的练习。
- 避免练习本身的技术难度。
- 确保练习不存在损伤高风险。

总结

在个人间歇期阶段和准备期阶段的开始部分，基础肌肉力量训练应该得到重视。在赛季前及赛季中，主要目标则是保持已经获得的基础肌肉力量，可以每周进行一次训练来保持。转化和足球力量训练在准备期的最后时段开始进行，并在赛季中保持一周进行1～2次训练。图12-5展示一支职业队在年训练循环中3种类型的力量训练的周期划分。只有球员得到良好的恢复，力量训练才能获得最好的效果，如果在周末有比赛，那么基础肌肉力量训练可以安排在周中（如星期三，比赛在周日）。有氧训练不要在基础肌肉力量训练课后进行，那样将会损失力量训练的效果。

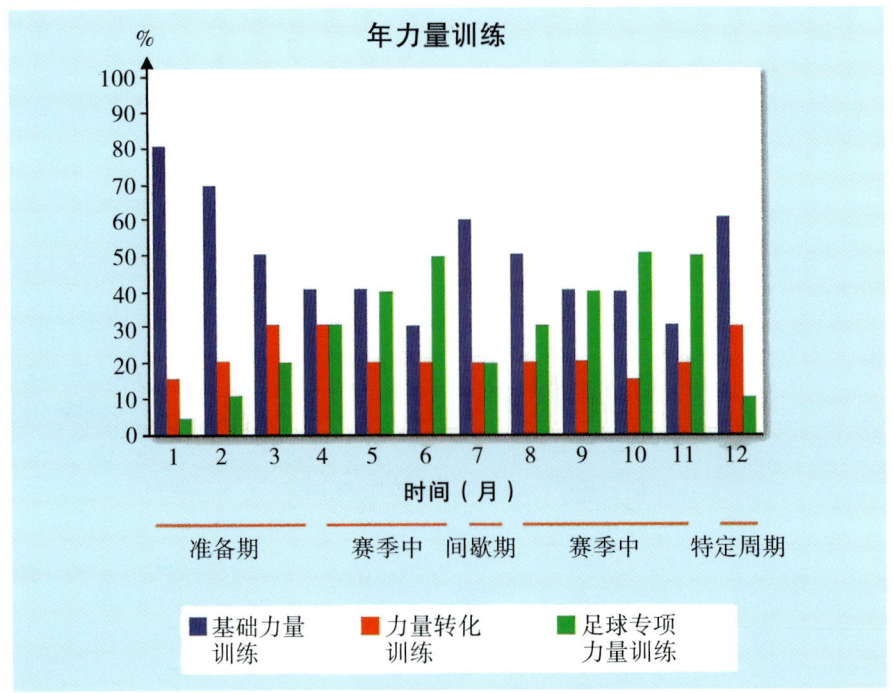

图12-5

一支在年度中参加冠军联赛的职业队伍,在3种不同类型的力量训练的周期划分。训练的总量均设定为100%。注意,在赛季后阶段和间歇期中基础肌肉力量训练要放在重要位置进行训练安排。

复习题

1. 哪一个周期适合进行大量的基础力量训练?
2. 什么是同时训练?
3. 如果在同一堂训练中进行有氧练习和力量训练,应先进行哪种类型的训练?

学习任务

1. 设计一个非赛季阶段的球员基础肌肉量训练计划。

2. 为你的球队设计一个在赛季中一周2赛（星期日—星期日），以及一周3赛（星期日—星期三—星期日）的基础肌肉力量训练计划。

参考文献及推荐阅读

Bangsbo J. *Aerobic and Anaerobic Training in Soccer — With Special Emphasis on Training of Youth Players. Fitness Training in Soccer I*, pp. 1-231. www.bangsbosport.com, 2012.

Glowacki SP. Effects of resistance, endurance, and concurrent exercise on training outcomes in men. Medicine and Science in Sports and Exercise 36: 2119-2127, 2004.

Hakkinen K. Neuromuscular adaptations during concurrent strength and endurance training versus strength training. European Journal of Applied Physiology 89: 42-52, 2002.

Souza EO et al. Molecular Adaptations to Concurrent Training. International Journal of Sports Medicine 34: 207-213, 2013.

Wilson JM et al. Concurrent training: a meta-analysis examining interference of aerobic and resistance exercises. Journal of Strength and Conditioning Research 26: 2293-307, 2012.

13．基础肌肉力量练习

本章呈现了一系列基础肌肉力量练习的方法，作为第6章训练方法的补充。训练可以有多种方式，根据目标，可运用器材和球员经验的不同来进行。

练习13-1 坐姿腿部弯举（向心和离心）。肌肉包括：腘绳肌。球员坐在腿部弯举器械上。双腿放在保护垫上并收缩腘绳肌，移动保护垫至膝关节呈90°，然后返回起始位置。训练同样可以在离心收缩阶段以一条腿进行。

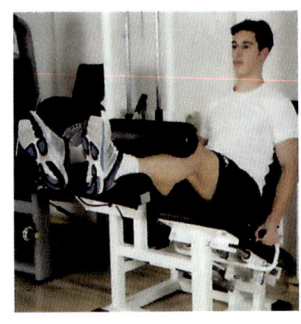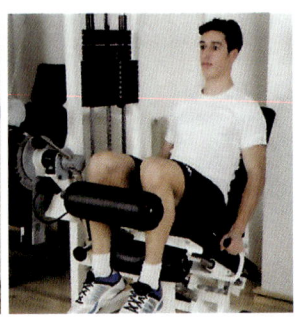

练习13-2 保加利亚分腿蹲（向心收缩和离心收缩）。肌肉包括：股四头肌、腘绳肌和臀部肌肉。球员双手各拿一个哑铃，一腿位于身后凳子或箱子上，另一条腿位于身前。再次起来前，球员下蹲直到后腿的膝关节距离地面5厘米。训练可以通过增加哑铃的重量和起点更加靠前来增加难度。

13. 基础肌肉力量练习

练习13-3　罗马尼亚硬拉（向心收缩）。肌肉包括：腘绳肌。球员握住杠铃。从直立姿态起始，将杠铃尽量贴近腿部，躯干前倾，然后将身体回到起始站立姿态。要点，当进行训练时不要屈膝（如运动过程中腿部保持竖直）确保腘绳肌能够支持完成动作。

练习13-4　上台阶（向心收缩和离心收缩）。肌肉包括：股四头肌、腘绳肌和臀肌。球员站在跳箱前（20～60厘米高），杠铃位于肩上。球员将一条腿放在跳箱上，然后用力带动身体向上站到跳箱上。之后，球员变换腿的位置从跳箱下来，可通过使用更高的跳箱增加练习难度。

练习13-5　卧推（向心收缩和离心收缩）。肌肉包括：胸大肌和肱三头肌。球员躺下背部靠在凳子上。双手握住杠铃，双手比肩略宽。然后球员举起杠铃并控制好动作使杠铃下放至胸部，然后再伸展双臂。当杠铃缓慢下放至胸部时，肌肉做离心收缩。

练习13-6 颈后推举（向心收缩和离心收缩）。肌肉包括：肩部肌肉。球员坐在凳子上，双手比肩略宽握住杠铃，球员举起杠铃，然后在头后缓慢地放下杠铃至肩部，然后再次举起。

练习13-7 直立上拉（向心收缩）。肌肉包括：肩部、上背部和颈部肌肉。球员将杠铃握于身前，然后上提杠铃至下颌处，再次放下。

练习13-8 哑铃弯举（向心收缩）。肌肉包括：肱二头肌和肩部肌肉。球员坐在凳子上，手中握住哑铃。肘关节弯曲，使前臂位于垂直位，下放哑铃。然后手臂再次进行弯曲（肱二头肌收缩）。

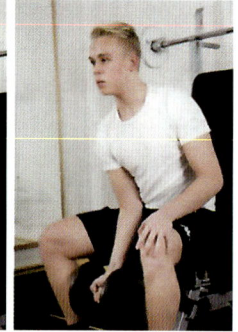

13. 基础肌肉力量练习

练习13-9 下压（向心收缩和离心收缩）。肌肉包括：肱三头肌。球员站在下压器械前，抓住平行杆，然后下压，再缓慢地回到起始位置。

参考文献及推荐阅读

Delavier F. *Strength Training Anatomy*. Champaign IL, USA: Human Kinetics, 2010.

专有名词中英文对照

A
Acceleration 加速
Achilles tendinosis 阿基里斯/阿喀琉斯跟腱
Actin 肌动蛋白
Adolescents 青少年
Agility 灵敏

B
Basic muscle power training 基础肌肉力量训练
Bench press 卧推
Bone 骨骼
Bone marrow 骨髓
Box step up 跳箱蹬举
Building 建立
Bulgarian squat 保加利亚分腿蹲

C
Cartilage 软骨
Central nervous system 中枢神经系统
Collagen 胶原蛋白
Concentric 向心
Concurrent training 同步训练
Cone jump 标志物跳跃
Connective tissue 结缔组织
Contractile proteins 收缩性蛋白质
Contraction velocity 收缩速度
Counter-movement jump test 下蹲跳测试

Cross-sectional area 横截面积

D
Deceleration 减速
Deep squat 深蹲
Drop jump 跳深
Dumbbell curl 哑铃弯举

E
Eccentric contraction 离心收缩

F
Fascicles 神经束
Fibre type distribution 肌纤维类型分布
Fibroblasts 纤维细胞
Football power training 足球力量训练
Force 力量
Force-velocity curve 力与力速曲线
Free weights 自由力量
Front abdominal muscles 腹部正面肌肉

H
Heading 头顶球
Hypertrophy 肥大

I
Imbalance 不平衡
Individual period 个体周期
Injuries 损伤
Interneurons 中间神经元
ISO-kinetic apparatus 等动装置
Isometric 等长

J
Joule 焦耳
Jumper's knee 跳跃膝
Jumping box 跳箱
Jumping hurdles 跳跃栏架
Jumping with barbells 杠铃跳

K
Knee extension 膝关节伸展

L
Leg curl 腿部弯举
Leg press 腿部推举
Linear sprint test 直线冲刺跑测试
Lower back muscles 下背部肌肉
Lunges 弓步

M
Machines 器械
Maximal running velocity 最大跑速
Motor unit 运动单位
Muscle endurance training 肌肉耐力训练
Muscle fibre 肌纤维
Muscle mass 肌肉体积
Myosin 肌球蛋白

N
Neural drive 神经驱动
Neuromuscular system 神经肌肉系统
Neuron 神经元
Newton 牛顿

Nordic hamstring exercise 北欧腘绳肌练习
Nuclei 细胞核

O
One repetition maximum(1RM) 一次最大重复
Osteocytes 成骨细胞

P
Peripheral nervous system 周围神经系统
Plyometric training 超等长训练
Pre-season 赛季前
Press behind the neck 颈后推举
Prevention training 预防训练
Puberty 青春期
Pushdowns 下压

Q
Quadriceps 股四头肌

R
Rate of force development 发力率
Red blood cellls 红细胞
Rehabilitation training 康复训练
Repetition 重复
Resistance bands 阻力带
Resistance training 抗阻训练
Romanian dead-lift 罗马尼亚硬拉

S
Satellite cells 卫星细胞
Seated leg curl 坐姿腿部弯举
Sensory neurons 感觉神经元
Set 套、组

Side abdominal muscles 侧面腹肌

Side sprinting 侧向加速跑

Squat 深蹲

Strain 张力

Strength 力量

Stride frequency 步频

Stride length 步长

T

Tendon 肌腱

Tendonitis 肌腱炎

Transference power training 力量转换训练

Type I fibre Ⅰ型肌纤维

Type ii fibre Ⅱ型肌纤维

Type iia fibre Ⅱa型肌纤维

Type iib fibre Ⅱb型肌纤维

U

Uphill run 上坡跑

Upright rowing 直立上拉

W

Warm-up 热身

Watt 瓦特

• 亚足联教练员培训指定教材

足球体能训练丛书

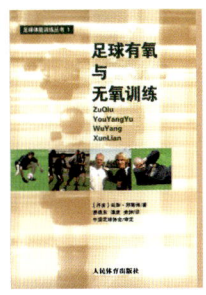

足球有氧与无氧训练
Aerobic and Anaerobic Training in Soccer
延斯·邦斯博著
Jens Bangsbo
C、B、A及职业级教练员培训教材

足球体能测试
Fitness Testing in Football
延斯·邦斯博
Jens Bangsbo
麦格尼·莫尔著
Magni Mohr
B、A及职业级教练员培训教材

足球运动与训练生理学
Exercise and Training Physiology
延斯·邦斯博著
Jens Bangsbo
A及职业级教练员培训教材

足球力量训练
Power Training in Football
延斯·邦斯博
Jens Bangsbo
杰斯帕·L.安德森著
Jesper L. Andersen
A及职业级教练员培训教材

足球个人体能训练
Individual Training in Football
延斯·邦斯博
Jens Bangsbo
麦格尼·莫尔著
Magni Mohr
A及职业级教练员培训教材

足球运动营养学
Nutrition in Football
延斯·邦斯博著
Jens Bangsbo
A及职业级教练员培训教材

版权声明

书名：Power Training in Football

Copyright© 2013 Bangsbosport

All rights reserved. Except for use in a review, the reproduction or utilization of this work in any form or by any electronic, mechanical, or other means, now known or hereafter invented, including xerography, photocopying, and recording, and in any information storage and retrieval system, is forbidden without the written permission of the publisher.

版权合同登记号：图字01-2018-5219